Geschichten zur Unterhaltung

Wayne M. Senner
Gertrud B. Schuback
ARIZONA STATE UNIVERSITY

RANDOM HOUSE/NEW YORK

First Edition
9 8 7 6 5 4 3 2 1
Copyright © 1980 by Random House, Inc.

All rights reserved under International and Pan-American Copyright Conventions. No part of this book may be reproduced in any form or by any means, electronic or mechanical, including photocopying, without permission in writing from the publisher. All inquiries should be addressed to Random House, Inc., 201 East 50th Street, New York, N.Y. 10022. Published in the United States by Random House, Inc., and simultaneously in Canada by Random House of Canada Limited, Toronto.

This book was developed for Random House by Eirik Børve, Inc.

Library of Congress Cataloging in Publication Data
Senner, Wayne M.
    Geschichten zur Unterhaltung.

    1. German language—Readers. 2. German fiction—20th century. 3. Short stories, German. I. Schuback, Gertrud B., joint author.
II. Title.
PF3117.S466   438'.6'421   79-15948
ISBN 0-394-32377-7

Cover and text design: Rodelinde Albrecht

Manufactured in the United States of America

Since this page cannot legibly accommodate all the copyright notices, the pages following constitute an extension of the copyright page.

Permissions / Acknowledgments

Bertolt Brecht, EIN NEUES GESICHT aus "Prosa," Band 1. © Copyright by Stefan S. Brecht 1965. Alle Rechte vorbehalten durch Suhrkamp Verlag Frankfurt am Main.

Gabriele Wohmann, "Grün ist schöner," from SIEG ÜBER DIE DÄMMERUNG, © R. Piper & Co. Verlag, München, 1960.

Ursula Sigismund, "Die Maulbeere," from GEPÄCKAUFBEWAHRUNG, Verlag der Gesellschaft Hessischer Literaturfreunde, Darmstadt, 1974, by permission of the author.

Kurt Tucholsky, "Wo kommen die Löcher im Käse her?" from AUSGEWÄHLTE WERKE, Rowohlt Verlag, Reinbek b. Hamburg, 1928.

Max von der Grün, "Kinder sind immer Erben," from FAHRTUNTERBRECHUNG, Europäische Verlagsanstalt, 1965, Köln, by permission of the author.

PERMISSIONS / ACKNOWLEDGMENTS

Heinrich Böll, "Anekdote zur Senkung der Arbeitsmoral," from ERZÄHLUNGEN 1950–1970, © Verlag Kiepenheuer und Witsch, Köln, 1963.

Franz Kafka, "Kleine Fabel," reprinted by permission of Schocken Books Inc. from BESCHREIBUNG EINES KAMPFES by Franz Kafka, copyright 1946 by Schocken Books Inc. Copyright renewed © 1974 by Schocken Books Inc., New York.

Günther Bruno Fuchs, "Ein Abreißkalender sagt was" from NEUE FIBELGESCHICHTEN, Literarisches Colloquium, Berlin, Carl Hanser Verlag Munich, 1971.

Gerhard Zwerenz, "In Eile" and "Kleine Fische," from NICHT ALLES GEFALLEN LASSEN, © Fischer Taschenbuch Verlag, GmbH, Frankfurt am Main, 1972.

Herbert Eisenreich, "Verlorene Liebesmüh'" from EIN SCHÖNER SIEG UND 21 ANDERE MIßVERSTÄNDNISSE, 1. Auflage 1973, Verlag Styria, Graz Wien Köln. By permission of the author.

Max Frisch, DIE GESCHICHTE VON ISIDOR. Aus "Stiller" Copyright 1954 by Suhrkamp Verlag, Frankfurt am Main. Alle Rechte vorbehalten.

Kurt Kusenberg, "Die Fliege" and "Der Lokomotivführer hat Geburtstag," from GESAMMELTE ERZÄHLUNGEN, Rowohlt Verlag, Reinbek b. Hamburg, 1969.

Thomas Valentin, "Ein Heros," from JUGEND EINER STUDIENRÄTIN, Claassen Verlag, GmbH, Düsseldorf, 1974.

Max von der Grün, "Stenogramm," from STENOGRAMM, © copyright by Verlag Eremiten Presse, Düsseldorf, 1972.

Preface

Geschichten zur Unterhaltung is an anthology of twentieth-century German stories intended primarily for students in the third or fourth semester. The stories were selected on the basis of length, uncomplicated narrative style, and high interest level. The majority of the stories were published during the late sixties and the seventies. Our selection includes established authors, such as Kafka, Tucholsky, Brecht, Böll, Frisch, Kusenberg, and Valentin, and authors of more recent vintage, such as Bruno Fuchs and Gabriele Wohmann. In general, we have tried to offer as broad a spectrum of modern prose as possible without deviating from our criteria of selection.

The stories are arranged according to increasing length and complexity, with the exception of Chapter 7, which contains five short examples of unusual humor. Introducing each reading selection is a short biographical account of the author and a select list of his or her works. To aid comprehension of the more difficult stories, interpretive comments or very brief summaries have been included.

viii PREFACE

To further facilitate comprehension, difficult and uncommon words, as well as words used in a context that may be unfamiliar to third semester students, are translated in the margins. These items are indicated by small circles above the word or the last element of the phrase in the text.

Although this anthology is not designed as a grammar review, each chapter is followed by three sections of exercises to increase language learning.

Sprachübungen. This section builds vocabulary, increases reading comprehension, and develops the students' ability to understand and to use common idioms. The *Sprachübungen* sections are divided into exercises covering *Synonyme, Redewendungen, Wortfamilien,* and *Bedeutungsähnliche Wörter,* although some of these areas have been omitted from chapters in which they are not linguistically relevant.

Fragen und Themen. This section contains exercises on two levels: factual questions that test content comprehension and questions for discussion. The *Fragen und Themen* sections are divided into *Fragen zum Inhalt, Weitere Fragen zum Inhalt* (discontinued after Chapter 4), and *Fragen zur Diskussion.*

Nacherzählung. In Chapters 1 through 6, the students are asked to retell the story with the help of key words; in Chapters 7 through 12, in their own words.

The instructor may, of course, omit certain exercises according to personal preference and/or the special needs of the class.

This anthology offers the student complete stories that present everyday scenes of German domestic life, adventure, and humor. Our goal is language learning through entertaining reading.

ACKNOWLEDGMENTS

We would like to thank our colleagues at Arizona State University, who agreed to use this anthology in their courses and who gave us much valuable criticism and many useful suggestions.

Thanks also go to the third and fourth semester students at Arizona State University, who for several years have been putting up with makeshift versions of this book while enthusiastically detecting typos and suggesting better translations of German words and idioms. In selecting our stories, we have taken their preferences into consideration.

Finally, we would like to thank Mrs. Christina Senner for her collaboration on the exercises and for her help with the vocabulary.

Inhaltsverzeichnis

1. Bertolt Brecht
   Ein Neues Gesicht | 5

2. Gabriele Wohmann
   Grün ist schöner | 13

3. Ursula Sigismund
   Die Maulbeere | 21

4. Kurt Tucholsky
   Wo kommen die Löcher im Käse her? | 31

5. Max von der Grün
   Kinder sind immer Erben | 41

6. Heinrich Böll
Anekdote zur Senkung der Arbeitsmoral | 53

7. Humoristisches Intermezzo

Franz Kafka
Kleine Fabel | 66
Günther Bruno Fuchs
Ein Abreißkalender sagt was | 66
Gerhard Zwerenz
In Eile | 67
Gerhard Zwerenz
Kleine Fische | 68
Herbert Eisenreich
Verlorene Liebesmüh' | 71

8. Max Frisch
Die Geschichte von Isidor | 81

9. Kurt Kusenberg
Die Fliege | 93

10. Thomas Valentin
Ein Heros | 103

11. Max von der Grün
Stenogramm | 113

12. Kurt Kusenberg
Der Lokomotivführer hat Geburtstag | 127

Wörterverzeichnis | 139

Geschichten zur Unterhaltung

1

Bertolt Brecht

Bertolt Brecht was born February 10, 1898, in Augsburg; he died August 17, 1956, in Berlin.

Brecht began his advanced studies in medicine and science at the University of Munich and continued these studies in Berlin before finding his career in the theater. His writing and political activities made it impossible for him to stay in Germany when Hitler came to power in 1933. He sought asylum in Denmark, Finland, and finally the United States in 1941. In 1949, he took up residence in East Berlin.

As a playwright, Brecht achieved prominence with The Three Penny Opera, *written in collaboration with Kurt Weill. His Epic Theater demonstrates Marxist thought. Some of his major works are:* Die Dreigroschenoper *(1928),* Aufstieg und Fall der Stadt Mahagonny *(1929),* Galileo Galilei *(1942),* Der gute Mensch von Sezuan *(1942),* Mutter Courage und ihre Kinder *(1959), and* Kalendergeschichten *(1949). The title of the following story is not Brecht's.*

EIN NEUES GESICHT

In einem großen Land lebte einmal ein Kaufmann. Er kaufte allerhand Dinge, große und kleine, und verkaufte sie wieder mit einem sehr guten Gewinn.° Er kaufte Fabriken und Flüsse, Wälder und Stadtviertel,° Bergwerke° und Schiffe. Wenn Leute sonst nichts zu verkaufen hatten, kaufte er ihnen ihre Zeit ab,[1] das heißt, er ließ sie gegen Lohn° für sich° arbeiten und kaufte so ihre Muskeln und ihr Gehirn.° Er kaufte den Griff° ihrer Arme für sein laufendes Band,[2] den Tritt ihrer Füsse für seine Essen,[3] ihre Zeichnungen,° ihre Schrift° für seine Kontobücher.°

Er war ein sehr großer Kaufmann und wurde ein immer größerer Kaufmann. Er war weit und breit sehr geachtet[4] und wurde immer geachteter.° Aber auf einmal bekam er eine arge° Krankheit.

der Gewinn profit
das Stadtviertel city district
das Bergwerk mine
der Lohn wage
für sich for him(self)
das Gehirn brain
der Griff grasp
die Zeichnung drawing
die Schrift handwriting
das Kontobuch ledger
immer geachteter more and more respected
arg severe

---

[1]**kaufte er ihnen ihre Zeit ab** he bought their time from them.
[2]**laufendes Band** assembly line. [3]**den Tritt ihrer Füsse für seine Essen** the treading of their feet for his forges. [4]**er war weit und breit sehr geachtet** he was respected far and wide.

5

6 BERTOLT BRECHT

Eines Tages wollte er wieder einmal etwas kaufen, diesmal ein paar Zinngruben° in Mexiko. Eigentlich wollte er sie nicht selber kaufen, sondern einige andere Leute sollten sie für ihn kaufen, damit er sie verkaufen konnte. Er wollte nämlich diese Leute betrügen.

Er verabredete sich° mit ihnen in einem Bankhaus.

Dort verhandelten sie mehrere Stunden miteinander, indem° sie dicke Zigarren rauchten und dazu° Zahlen aufschrieben.

Der große Kaufmann erzählte seinen Geschäftsfreunden, wieviel Geld sie bei diesem Geschäft verdienen konnten, und da er ein so geachteter Kaufmann war und so nett und freundlich aussah, wie eben ein älterer, rosiger Kaufmann[5] mit weißen Haaren und blanken° Augen, glaubten sie ihm auch, wenigstens anfangs. Aber dann passierte etwas sehr Merkwürdiges.[6]

Er merkte plötzlich, daß ihn die Herren ganz eigentümlich° ansahen, und dann rückten sie sogar ein wenig von ihm weg,° während er sprach. Er sah an sich hinunter,[7] ob an seinem Anzug etwas nicht in Ordnung war, aber sein Anzug war ganz in Ordnung. Er wußte gar nicht, was los war.

Die Herren standen mit einem Mal° auf, und jetzt sahen ihre Gesichter ordentlich erschrocken aus,[8] und sie sahen deutlich ihn an, und zwar wie etwas Schreckliches,° vor dem man Angst hat.[9] Und doch sprach er nicht anders als sonst, nett und freundlich, wie ein großer geachteter Kaufmann.

Warum also hörte ihm niemand mehr zu,[10] und warum gingen sie denn ohne jede Entschuldigung einfach hinaus und ließen ihn sitzen? Denn das taten sie.

Er stand ebenfalls° auf, nahm seinen Hut und ging hinunter, um in sein Auto zu steigen. Da sah er noch,

---

[5]**wie eben ein älterer, rosiger Kaufmann** just like an older, sweet tempered businessman. [6]**etwas sehr Merkwürdiges** something very peculiar. [7]**Er sah an sich hinunter** he looked down at himself. [8]**sahen ihre Gesichter ordentlich erschrocken aus** their faces looked genuinely frightened. [9]**vor dem man Angst hat** of which one is afraid. [10]**Warum also hörte ihm niemand mehr zu** why then wasn't anyone listening to him anymore.

---

die Zinngrube tin mine

sich verabreden make an appointment

indem while
dazu in addition

blank bright

eigentümlich odd
wegrücken pull away

mit einem Mal suddenly

etwas Schreckliches something terrifying

ebenfalls likewise

50 wie sein Chauffeur furchtbar erschrak, als er ihn sah.

Zu Hause eilte er sogleich zu einem Spiegel.

Da sah er etwas Schreckliches:

Aus dem Spiegel entgegen blickte ihm das Gesicht eines Tigers!¹¹

55 Er hatte ein neues Gesicht bekommen! Er sah aus wie ein Tiger!

I. SPRACHÜBUNGEN

A. Synonyme

Ersetzen Sie das *kursivgedruckte*¹² Wort durch ein Synonym unten.

1. In einem Land *lebte* einmal ein Kaufmann.
2. Eines Tages wollte er wieder einmal etwas kaufen, diesmal *ein paar* Zinngruben.
3. Einige andere *Leute* sollten sie für ihn kaufen.
4. Der große Kaufmann *erzählte* seinen Geschäftsfreunden, wieviel Geld sie bei diesem Geschäft verdienen konnten.
5. Aber dann *passierte* etwas sehr Merkwürdiges.
6. Und doch *sprach* er nicht anders als sonst.
7. Denn das *taten* sie.
8. Er hatte ein neues Gesicht *bekommen*.

sagen / geschehen / einige / reden / wohnen / der Mensch / machen / erhalten

B. Redewendungen

Schreiben Sie jeden Satz um, indem Sie einen treffenderen Ausdruck unten für die kursivgedruckten Wörter wählen.

1. *Auf einmal* bekam er eine arge Krankheit.
   a. gestern
   b. plötzlich
   c. dieses Mal

---

¹¹**Aus dem Spiegel entgegen blickte ihm das Gesicht eines Tigers** the face of a tiger looked out of the mirror at him.   ¹²**kursivgedruckt** italicized.

2. Er wußte gar nicht, *was los war.*
    a. was das bedeutete
    b. was nicht in Ordnung war ✓
    c. was es da gab
3. Die Herren standen *mit einem Mal* auf. *suddenly*
    a. mit Anstrengung
    b. ganz schnell
    c. plötzlich ✓

C. Wortfamilien

Setzen Sie ein Nomen, Verb oder Adjektiv ein, das in die Wortfamilie des kursivgedruckten Wortes gehört.

Beispiel: Er verkaufte sie wieder mit sehr gutem *Gewinn.*
Beim Kartenspielen <u>gewinnt</u> (wins) er immer.

1. Aber auf einmal bekam er eine arge *Krankheit.*
   Obwohl sie _krank_ (sick) war, wollte sie mitfahren.
2. Sie glaubten ihm auch, wenigstens *anfangs.*
   Wir sind alle da und können _anfangen_ (begin).
3. War an seinem *Anzug* etwas nicht in Ordnung?
   Es ist kalt, du mußt dich warm _anziehen_ (dress).
4. Warum gingen sie denn ohne jede *Entschuldigung* einfach hinaus?
   Ich möchte mich wegen meiner Verspätung _entschuldigen_ (excuse).

II. FRAGEN UND THEMEN

A. Fragen zum Inhalt

Wählen Sie die beste Antwort.

1. Warum kaufte der Kaufmann den Leuten ihre Zeit ab?
    a. Er wollte ihre Muskeln und ihr Gehirn nicht kaufen.
    b. Er war ein sehr generöser Mann.
    c. Er wollte die Leute gegen Lohn für sich arbeiten lassen. ✓
2. Was wollte der Kaufmann mit den Zinngruben machen?
    a. Er wollte die Zinngruben selber kaufen.
    b. Er wollte die Zinngruben verkaufen.
    c. Er wollte die Zinngruben für sich kaufen lassen. ✓
3. Warum sahen ihn die Herren im Bankhaus so eigentümlich an?
    a. Etwas an seinem Anzug war nicht in Ordnung.
    b. Die Herren hatten Angst, daß der Kaufmann sie betrügen würde.
    c. Das Gesicht des Kaufmanns hatte sich verändert. ✓

B. Weitere Fragen zum Inhalt

1. Was für Dinge kaufte der Kaufmann?
2. Was machte er dann mit diesen Dingen?
3. Was bedeutet „Er kaufte ihnen ihre Zeit ab"?
4. Warum wollte er die Zinngruben in Mexiko verkaufen?
5. Warum glaubten die Geschäftsfreunde dem Kaufmann?
6. Was merkte der Kaufmann plötzlich?
7. Wie kam es, daß der Kaufmann auf einmal allein war?
8. Was sah er zu Hause in seinem Spiegel?

C. Fragen zur Diskussion

1. Inhaltliches

    Wählen Sie eine der Antworten und erklären Sie Ihre Wahl.

    a. Was erfahren wir über den Kaufmann?
       i. Er sah aus wie ein Betrüger.
       ii. Niemand kannte und achtete ihn.
       iii. Er sah nett und freundlich aus, ein älterer, rosiger Kaufmann.
    b. Wie machte er seine Geschäfte?
       i. Er hatte einen kleinen Laden und verkaufte Dinge, die die Leute brauchten.
       ii. Er ließ andere Leute Dinge für sich kaufen, damit er sie verkaufen konnte.
       iii. Er wollte, daß seine Geschäftsfreunde genau so viel verdienten wie er selbst.

2. Persönliches

    Drücken Sie Ihre Meinung aus[13] und verwenden[14] Sie die Stichwörter[15] unten, oder geben Sie eigene Antworten.

    a. Was würden Sie machen, um reich zu werden?
       schwer arbeiten / ehrlich[16] mit Geschäftsfreunden sein / die Angestellten[17] durch Computer ersetzen[18] / keine Steuern[19] bezahlen
    b. Wie würden Sie handeln,[20] wenn Ihr Geschäftsfreund Sie betrügen wollte?
       ihn verklagen[21] / ihn bitten, ehrlich zu sein / ihn bei der Polizei anzeigen[22] / ihn schlagen / nie wieder mit ihm sprechen

---

[13]ausdrücken express. [14]verwenden use. [15]das Stichwort key word. [16]ehrlich honest. [17]der Angestellte employee. [18]ersetzen replace. [19]die Steuer tax. [20]handeln act. [21]verklagen sue. [22]anzeigen report.

III. NACHERZÄHLUNG

Erzählen Sie die Geschichte mit eigenen Worten nach,[23] und versuchen Sie dabei, die folgenden Stichwörter zu benutzen.

1. Kaufmann / leben
2. kaufen / ihre Fabriken, Wälder, Schiffe
3. kaufen / ihre Zeit, ihre Muskeln, ihr Gehirn
4. Krankheit
5. Zinngruben in Mexiko / andere Leute
6. betrügen / in einem Bankhaus
7. nett und freundlich aussehen
8. etwas Merkwürdiges
9. die Herren / aufstehen
10. hinuntergehen / in sein Auto einsteigen
11. zu einem Spiegel
12. aussehen wie / ein Tiger

---

[23]nacherzählen retell.

Gabriele Wohmann

Gabriele Wohmann was born in Darmstadt on May 21, 1932. After studying German literature and music at the university in Frankfurt, she became a teacher in Darmstadt, where she resides today as a free-lance writer. In recent years, she has gained numerous accolades that testify to her fast-rising success: in 1965, the Süddeutsche Rundfunk prize and the Georg Mackensen prize for the best short story; in 1969, the Neheim-Hüsten prize; and in 1971, the literature prize of Bremen.

In her prose writings, Wohmann examines the everyday conflicts of average people. In particular, she is acutely concerned with those relationships in marriage and family life that she finds problematic and confining. With an ubiquitous eye for detail, she tries to penetrate behind the veil of everyday conventions and to discover the truths and motivations that shape the lives of her characters.

Some of her major works are Ernste Absicht *(1970),* Ländliches Fest *(1968),* Selbstverteidigung *(1971), from which "Grün ist schöner" is taken,* Habgier *(1973), and* Frühherbst in Badenweiler *(1978).*

GRÜN IST SCHÖNER

Ich bin ein grüner Mensch. Grün mit grünblauen Placken.° Grüne Haut.° Die Lippen von einem so schwärzlichen Grün, daß die Leute sich fürchten. Das wird überhaupt° schlimm, wenn ich mal mehr unter Leute komme. In der Schule und dann als Erwachsener.° Ich muß so viel wie möglich verdecken.° Doktor Stempel hat auch immer Handschuhe an. Er hat Ekzem.° Bei mir werden auch alle Leute neugierig° drauf° sein, was ich unter den Handschuhen habe. Sie werden denken, ich hätte Ekzem. Ich muß auch einen Namen dafür finden.

Das Kind drehte sich° vor dem langen Badezimmerspiegel, betrachtete seinen nackten Körper, hob die stengeldünnen° Ärmchen—alles grün, unten, oben; innen auch? Es trat näher an den Spiegel, streckte die Zunge heraus: finstre bläuliche Grünporen,° ein fetter Grünlappen° hing über die dunklen Lippen. Also auch innen grün. Es wischte° den Tau° seines Atems vom Glas, es lächelte sich zu: die blassen Zähne gefielen ihm.

die Placke blotch
die Haut skin

überhaupt really

der Erwachsene adult
verdecken cover up
das Ekzem eczema
neugierig curious
drauf=darauf

sich drehen turn around

stengeldünn (lit. stem-thin) thin as a reed
die Pore pore
der Lappen (lit. rag) tongue
wischen wipe
der Tau dew

14 GABRIELE WOHMANN

Häßlich bin ich nicht. Nur unheimlich.° Grüne Haut ist eigentlich schöner als braune oder rosige.

—Bist du schon im Wasser? rief die Stimme der Mutter die Treppe herauf und durch den Gangschlauch° zu ihm ins Badezimmer. Bist du schon ein Frosch im Wasser?

Grüner Frosch im Wasser.

—Ja! schrie es.

Es patschte sich° schnell in die knisternden° Schaumwolken,° glitschte an der Wannenschräge° hinunter° und schwitzte° und schnaubte.°

Aber das grüne Gesicht wird jeder sehn. Grün mit grünblauen Sprenkeln° und einer fast schwarzen Zunge hinter fast schwarzen Lippen. Ich trag[1] das grüne Haar tief in° der Stirn, später krieg ich auch einen Bart, der° wird auch grün. Und ich habe einen grünen Hals, ich winde immer einen Schal drumherum,° der verdeckt auch den Nacken.° Die Leute können denken, ich wär bloß im Gesicht grün. Alles andere ist normal. Ich sag: an den Händen hab ich Ekzem, deshalb die Handschuhe. Sonst zeigt man ja nichts. Ich werde immer lange Hosen tragen.

—Ists° schön im Wasser, du Frosch? rief die Mutter.

—Ja! schrie es.

Alle werden denken: wie ein Frosch sieht er aus. Aber ich kann natürlich nicht mit Mädchen und so,° wie Dicki° das macht, baden gehen. Ich bin ganz zurückhaltend,° alle wollen mit mir baden gehn, alle Mädchen, immer werd ich gequält° von allen Mädchen, baden zu gehen, aber ich bin ganz vornehm° und ganz grün. Ich geh in der heißesten Sonne mit meinem Schal spazieren und mit den Handschuhen.

—Fröschlein, rief die Mutter, gleich komm ich und seh nach, ob du sauber bist.

Das Grüne wird mich natürlich von den andern absondern.° Ich werd wie Onkel Walter: ein einsamer alter Mann. Nur schon, bevor ich alt bin.

---

[1] **trag = trage** In colloquial speech, the "*e*" is often omitted from the first person verb form; there are several similar examples in this story.

Von der Badewanne° aus konnte es in den Spiegel
sehn. Es hob einen Arm aus dem Wasser: Schaum-
60 bläschen° flüsterten; das nasse Grün glänzte, es sah
schärfer und krasser° aus als das trockne.°
Schade, daß niemand je meine strahlende nasse
Grünhaut sehn wird. Ich werde ein einsamer grüner
Mann. Wie eine Schlange.° Der Schlangenmann.
65 —Fröschlein, rief die Mutter, gleich hol ich dich
raus!°
—Ja, rief es.
Jetzt hab ich noch die Mutter, die weiß es. Später
weiß es keiner mehr.°
70 Es hörte die flinken Schritte auf der Treppe, im
Gang. Die Tür klaffte;° es hielt die Hände vor die
Augen, denn dazu hatte es gar keine Lust!² Ein Strom
frischer Luft zog herein,° und die Mutter knipste die
Höhensonne°³ aus° und schaltete das gelbe weiche
75 Deckenlicht° an° und sagte:
—So, nun komm, mein blaßer sauberer Frosch-
mann.

die Badewanne bathtub
das Schaumbläschen (lit. little foam bubble) soap bubble
krass (lit. crass) green
das trockne = das trockne Grün
die Schlange snake
rausholen = herausholen get out
keiner mehr 'no one else
klaffen open slightly
hereinziehen come in
die Höhensonne sun lamp
ausknipsen flick off
das Deckenlicht ceiling light
anschalten turn on

I. SPRACHÜBUNGEN

A. *Synonyme*

Ersetzen Sie das kursivgedruckte Wort durch ein Synonym unten.

1. Die Lippen sind von einem so schwärzlichen Grün, daß die Leute *sich fürchten*.
2. Das Kind *betrachtete* seinen nackten Körper.
3. Häßlich bin ich nicht. Nur *unheimlich*.
4. Die Leute können denken, ich wär *bloß* im Gesicht grün.
5. Alle wollen mit mir *baden* gehen.
6. Später weiß es *keiner* mehr.
7. Es hörte die *flinken* Schritte auf der Treppe, im Gang.
8. Die Mutter *schaltete* das gelbe weiche Deckenlicht *an*.

seltsam / nur / niemand / schwimmen / Angst haben / anmachen / schnell / sich ansehen

---

²*denn dazu hatte es gar keine Lust* for he had no liking for that. ³the overhead sun lamp emitted a light that made the boy's skin look green.

B. Wortfamilien

Setzen Sie ein Nomen, Verb oder Adjektiv ein, das in die Wortfamilie des kursivgedruckten Wortes gehört.

Beispiel: Sie werden *denken*, ich hätte Ekzem.
Das ist der erste vernünftige Gedanke (thought), den du gehabt hast.

1. Ich muß so viel wie *möglich* verdecken.
   An diese Möglichkeit (possibility) habe ich noch nicht gedacht.
2. Es *trat* näher an den Spiegel.
   Es ist gefährlich, im Gebirge einen falschen Tritt (step) zu machen.
3. Es wischte den Tau seines *Atems* vom Glas.
   Sie atmete (breathed) noch einmal tief, dann sagte sie ihm alles.
4. Aber ich kann natürlich nicht mit Mädchen *baden* gehen.
   Ich möchte ein Zimmer mit Bad (bath) bestellen.
5. Gleich komm ich und seh nach, ob du *sauber* bist.
   In den sechziger Jahren hat man nicht viel von Sauberkeit (cleanliness) gehalten.

II. FRAGEN UND THEMEN

A. Fragen zum Inhalt

Wählen Sie die beste Antwort.

1. Warum will das Kind seine neue grüne Haut verdecken?
   a. Es leidet an einem Minderwertigkeitskomplex.[4]
   b. Es ist grauenhaft häßlich und kann sich in der Öffentlichkeit[5] nicht sehen lassen.
   c. Es ist sehr vornehm und will seine neue grüne Haut nicht enthüllen.[6]
2. Warum trat das Kind näher an den Spiegel?
   a. Es wollte seine neue Haut etwas näher betrachten.
   b. Es ist Raumschiffahrer vom Mars und hat noch nie einen Spiegel gesehen.

---

[4]der Minderwertigkeitskomplex inferiority complex. [5]die Öffentlichkeit public.
[6]enthüllen uncover.

    c. Eine böse Hexe[7] hat es in einen Frosch verwandelt,[8] und es wollte seine neue Gestalt näher betrachten.
3. Warum glaubt das Kind, daß die Mädchen es quälen werden?
    a. Sie haben noch nie einen grünen Mann gesehen.
    b. Die Mädchen wollen alle mit ihm baden gehen.
    c. Sie haben noch nie einen Raumschiffahrer gesehen.
4. Warum knipste die Mutter die Höhensonne aus?
    a. Sie hat Angst, daß das Kind in der Badewanne ertrinkt.[9]
    b. Das Kind hat schon lange genug in der Badewanne gesessen und muß jetzt ins Bett.
    c. Man soll nur eine kurze Zeit unter einer Höhensonne sitzen.

B. Weitere Fragen zum Inhalt

1. Wo beginnt die Geschichte und was tut das Kind?
2. Wie sieht das Kind im Spiegel aus?
3. Woran denkt das Kind, während es in der Badewanne sitzt?
4. Welchen Tieren wird es ähnlich sehen?[10]
5. Was tut die Mutter, wenn sie ins Badezimmer tritt?

C. Fragen zur Diskussion

1. Inhaltliches

    Wählen Sie eine der Antworten und erklären Sie Ihre Wahl.

    a. Wie wird der grüne Junge unter den Menschen leben?
        i. Er wird alle Schuld auf die Menschen schieben.[11]
        ii. Er wird stolz darauf sein, daß er eine grüne Haut hat.
        iii. Er wird versuchen, Menschen zu helfen, die nicht „normal" aussehen.
    b. Was könnte er als Erwachsener mit grüner Haut machen?
        i. Er könnte einsam in den Bergen leben.
        ii. Er könnte ein Clown im Zirkus werden.
        iii. Er könnte immer ganz einsam und vornehm sein.
    c. Wie ist das Verhältnis des Jungen zu seiner Mutter?
        i. Er mag es nicht, daß er sich benehmen[12] soll wie normale Kinder.
        ii. Er liebt sie, weil sie ihn und seine Spiele versteht.
        iii. Er fühlt sich nicht sicher bei ihr und hat böse Träume.

---

[7]**die Hexe** witch. [8]**verwandeln** change. [9]**ertrinken** drown. [10]**ähnlich sehen** (dat.) look like. [11]**alle Schuld auf die Menschen schieben** lay the entire blame on people. [12]**sich benehmen** behave.

2. Persönliches

> Drücken Sie Ihre Meinung aus und verwenden Sie die Stichwörter unten, oder geben Sie eigene Antworten.

a. Wie würden Sie sich verhalten,[13] wenn Sie anders wären, als die übrigen[14] Menschen?
Schuld auf jemanden schieben / stolz sein / Menschen helfen / nicht am Leben der Gesellschaft teilnehmen
b. Welchen Beruf würden Sie wählen, wenn Sie anders wären? Warum?
Lehrer für Behinderte[15] / Einsiedler[16] / Schriftsteller / Zirkusclown / Millionär
c. Was für ein Verhältnis haben Sie zu Ihren Eltern?
leben und denken wie sie / Geheimnisse[17] vor ihnen haben / sich verstehen / sich vor ihrer Strenge fürchten

III. NACHERZÄHLUNG

Erzählen Sie die Geschichte mit eigenen Worten nach, und versuchen Sie dabei, die folgenden Stichwörter zu benutzen.

1. die Leute fürchten sich
2. seinen nackten Körper betrachten
3. sich zulächeln
4. die Treppe heraufrufen
5. schon ein Frosch im Wasser
6. einen Bart kriegen
7. die Leute können denken
8. nicht mit Mädchen
9. mit den Handschuhen
10. Schlangenmann
11. die Mutter es noch wissen
12. die Höhensonne ausknipsen

---

[13]sich verhalten behave. [14]übrigen other. [15]Behinderte (pl.) handicapped.
[16]der Einsiedler hermit. [17]das Geheimnis secret.

3

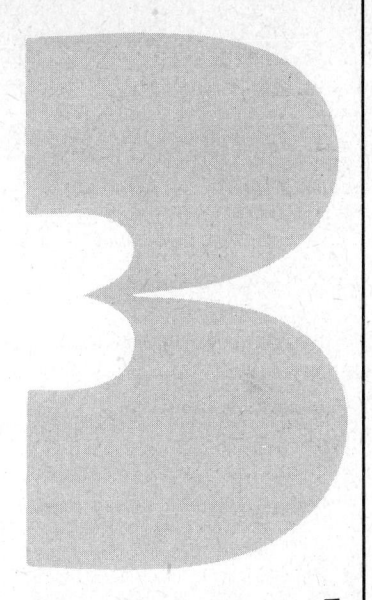

Ursula Sigismund

Born in Danzig in 1912, Ursula Sigismund was educated in Weimar and has worked in various fields without any specific training. Today she lives in Darmstadt, West Germany. Having begun to write late, she was encouraged to pursue her work seriously after receiving the Deutsche Erzählerpreis. She has published novels and stories and is a free-lance contributor to a radio station. Her novel Zarathustras Sippschaft *is of particular interest. According to the author, it is "ein autobiographischer Roman aus der Zeit, als ich in Weimar aufwuchs, wo mein Vater, ein Verwandter des Philosophen Friedrich Nietzsche, Archivar des Nietzsche-Archivs gewesen ist."*

The following selection is from the volume Gepäckaufbewahrung *(1974). According to personal correspondence with the author, the story "handelt aber von einer sehr vergangenen Zeit und schildert meine eignen Erfahrungen und Gedanken, nämlich die einer unverheiraten jungen Frau, die während des Nazi-Regimes ein Kind erwartet."*

DIE MAULBEERE°   die Maulbeere mulberry

Er kehrte mir den Rücken zu,° wusch sich die Hände und sagte: Ihr Kind ist noch nicht größer als eine Maulbeere.

    Die Sprechstundenhilfe° half mir vom Stuhl. Hinter
5 einem Vorhang, wo in geblümter Dämmerung[1] alles um mich schwankte, zog ich mich an, hielt mich zwischendurch° an der Wand fest° und hörte den Arzt beim° Händewaschen weitersprechen. Machen Sie sich keine Sorgen,[2] sagte er, und kommen Sie in vierzehn
10 Tagen wieder. Verheiratet sind Sie nicht? Machen Sie sich trotzdem keine Sorgen. Heiraten Sie Ihren Freund, wenn er ordentlich° ist, und wenn nicht, ist es auch nicht schlimm. Unser Staat braucht junge Mütter und gesunde Kinder und ist bereit, für sie zu sorgen.
15   Auf irgendeiner Bank in den Anlagen° habe ich mich gewundert, daß die Untersuchung nur Minuten gedau-

zukehren   turn to

die Sprechstundenhilfe doctor's aid

zwischendurch   at times
sich festhalten (an) hold on (to)
bei   while

ordentlich   (lit. orderly) decent

die Anlage   park

---

[1] **in geblümter Dämmerung**   in flowery twilight (because of the flower pattern on the curtain).   [2] **Machen Sie sich keine Sorgen** don't worry.

ert hat. Und wie einfach sie war. Ich habe hinter meiner Sonnenbrille ein paar Tränen laufen lassen, und niemand hat mich beachtet außer den Spatzen,° die mich umhüpften° und auf ein Frühstück hofften. Wochenlang hatte ich mich vor dem Ereignis gefürchtet und fortwährend° daran gedacht. Aber es war keins°—ein paar Handgriffe,° einige Worte, eine Notiz in der Kartei.° Erledigt. Wiedervorlage[3] in vierzehn Tagen. Niemand hat sich aufgeregt. Aus einem Geheimnis ist ein alltäglicher Vorgang° geworden,° aus einer Ahnung eine Tatsache. Ein Mensch, den ich nicht kenne, und den dies nichts angeht,° hat gesagt: Ihr Kind ist noch nicht größer als eine Maulbeere.

Warum er wohl Maulbeere sagte? Er wusch sich die Hände und war schon nicht mehr bei der Sache, der kleinen Sache in meinem Leib.[4] Er dachte vielleicht an einen chinesischen Roman,[5] den er gerade gelesen hat, und darum sagt er: Maulbeere. Eine Beere ist klein, und man kann sie wegwerfen. Ich werfe sie aber nicht weg. Ich lasse sie groß werden. Sie wird von allein° groß, heißt es,° ich brauche nichts dazu zu tun. Nichts andres als sonst. Ich soll schlafen und essen wie bisher, hat der Arzt gesagt, und arbeiten und spazierengehen.

Lieben auch? Wie bisher? Das habe ich nicht gefragt, zu sowas° bin ich zu schüchtern. Ich möchte nicht, daß so einer° denkt—und dabei° denkt er das doch.° Heiraten Sie Ihren Freund, wenn er ordentlich ist— wenn einer so° redet, kriege ich den Mund sowieso nicht auf.[6] Ein ordentlicher Mann und ein deutsches Mädchen haben sich zusammen hingelegt und sich geliebt,° zwar nicht, damit ein Kind entstehen° soll, sondern das ist ganz nebenbei° passiert, aber nun ist die Maulbeere auf einmal die Hauptsache, und es wäre direkt unhöflich gegen sie, sich ungeniert° weiterzulieben, obwohl sie schon entstanden ist. Ja, aber liebt man sich nur darum? Ich glaube, nein. Aber wer weiß das schon.

---

[3]Wiedervorlage to be presented again. [4]war schon nicht mehr bei der Sache, der kleinen Sache in meinem Leib was no longer paying attention, no longer concentrating on the little thing in my body. [5]einen chinesischen Roman refers to the association with silk and the silk worm, which feeds on mulberry leaves. [6]kriege ich den Mund sowieso nicht auf I can't get my mouth open anyway.

Kinder machen sich scheints° nicht viel daraus,⁷ daß ihre Eltern sich lieben oder jedenfalls möchten sie es schön ordentlich° haben, so wie im Bilderbuch: Morgenküßchen,° gemeinsames Frühstück, Verabschiedungsküßchen,° Abendspaziergang Arm in Arm. So haben wir uns also jetzt zu benehmen. Ob wir das machen? O Gott, es ist erst° eine Maulbeere, und schon gibts Meinungsverschiedenheiten.°

Nachher werde ich sagen müssen—ja, also was? In Romanen heißt das: Ich fühle mich Mutter. So eine Romanfrau wacht mitten in der Nacht auf, und dann fühlt sie das und schämt sich nicht, sich so auszudrücken. Vielleicht sollte ich sagen: Ich bekomme ein Baby. Nein, das klingt niedlich.° Ich will mir nicht niedlich vorkommen,° ich bin schwanger.° Aber das kann ich auch nicht sagen, das klingt zu biblisch.° Schwangerschaft, ein feierliches° Wort. Ob ich ‚wir' sagen soll? Wir sind schwanger, nein, das geht nicht. Oder: wir bekommen ein Kind! Nein, auch nicht. Das klingt verheiratet.

Ah, ich weiß: Ich bekomme ein Kind. Warum ist mir das nicht gleich eingefallen?° Was ich sage, ist also klar, was er antworten wird, aber nicht im geringsten.° Vielleicht ist er entsetzt° oder er glaubt mir nicht, und da bin ich machtlos,° denn was dann kommt, habe ich nicht in der Hand;⁸ die Maulbeere und ich, wir sind schon zusammen, wir stecken sozusagen unter einer Decke.⁹ Bisher habe ich ja gedacht, alles hinge von mir selber ab¹⁰ —ich tue dies, und dann geschieht das—ich esse, und dann bin ich satt°—ich lerne, und dann weiß ich was. Aber—ich liebe und bin angebunden°— das wußte ich nicht. Ich war wie Gulliver,¹¹ der aufwachte und sich mit den Haaren an der Erde gefesselt° fand, und ich weiß nichtmal,° wann es passiert ist. Ein Kind kommt zu mir, und ich bemerke es erst, wenn es schon in mir ist und lebt; wir haben einander nicht ausgesucht und sagen uns nicht guten Tag. Plötzlich

---

scheints=scheint es
ordentlich neat
das Morgenküßchen morning kiss
das Verabschiedungsküßchen good-bye kiss
erst just
die Meinungsverschiedenheit difference of opinion

niedlich dainty
sich vorkommen feel
schwanger pregnant
biblisch biblical
feierlich solemn

einfallen (dat.) think of
im geringsten in the least
entsetzt shocked
machtlos powerless

satt full
angebunden tied down
gefesselt fastened
nichtmal not even

---

⁷**Kinder machen sich scheints nicht viel daraus** children don't seem to care much. ⁸**habe ich nicht in der Hand** is out of my hands. ⁹**wir stecken sozusagen unter einer Decke** we are, so to say, both in this together. ¹⁰**alles hinge von mir selber ab** everything depended on me. ¹¹**Gulliver** the hero of Jonathan Swift's *Gulliver's Travels* (1726), who finds himself on the island of Lilliput, bound and tied to the ground by the Lilliputians who are six inches tall.

sind wir zusammen. Ist das nicht grausam? Vielleicht lieben wir uns° später nicht? Oder wir lieben uns, ob wir wollen oder nicht? Oder wir hassen uns, weil wir uns lieben sollen?

Nein, so darf ich nicht denken, das ist egoistisch und rücksichtslos.° Es ist ganz einfach ungesund. Eine vernünftige Frau, die erfahren hat, daß sie ein Kind bekommt, freut sich darauf und beginnt sofort, es zu lieben, sofort, auch wenn es erst eine Maulbeere ist. Ja, ich werde es lieben.

sich lieben (here) love one another

rücksichtslos inconsiderate

I. SPRACHÜBUNGEN

A. *Synonyme*

Ersetzen Sie das kursivgedruckte Wort durch ein Synonym unten.

1. Er war schon nicht mehr bei der Sache, der kleinen Sache in meinem *Leib.*
2. Sie wird von *allein* groß.
3. Wenn einer so redet, *kriege* ich den Mund sowieso nicht *auf.*
4. So *haben* wir uns also *zu* benehmen.
5. Vielleicht ist er *entsetzt.*
6. Die Maulbeere und ich, wir sind schon *zusammen.*
7. Ich war wie Gulliver, der aufwachte und sich mit den Haaren an der Erde *gefesselt* fand.
8. Eine vernünftige Frau, die *erfahren* hat, daß sie ein Kind bekommt, freut sich darauf.

beieinander / müssen / herausfinden / der Körper / selbst / festgebunden / schockiert / aufbekommen

B. *Redewendungen*

Schreiben Sie jeden Satz um, indem Sie einen treffenderen Ausdruck unten für die kursivgedruckten Wörter wählen.

1. *Machen* Sie sich *keine Sorgen!*
   a. machen . . . keine Umstände
   b. beunruhigen . . . nicht
   c. besorgen . . . nichts
2. Ein Mensch, den dies *nichts angeht,* hat es gesagt.
   a. nicht betrifft
   b. nichts kostet
   c. nicht anstrengt

3. Er wusch sich die Hände und *war* schon *nicht mehr bei der Sache.*
   a. war ... entschlossen
   b. hatte es ... verursacht
   c. dachte ... an etwas anderes
4. Bisher habe ich ja immer gedacht, alles *hinge von mir* selber *ab.*
   a. würde von mir ... aufgehängt
   b. passte auf mich ... auf
   c. käme auf mich ... an

C. Wortfamilien

Setzen Sie ein Nomen, Verb oder Adjektiv ein, das in die Wortfamilie des kursivgedruckten Wortes gehört.

Beispiel: Machen Sie sich keine *Sorgen.*
Unser Staat ist bereit, für sie zu sorgen (care).

1. *Verheiratet* sind Sie nicht?
   Die meisten Leute _____ (marry) im Juni.
2. In den Anlagen habe ich mich *gewundert.*
   Es ist kein _____ (wonder), daß du ohne einen Pfennig aus Las Vegas zurückgekommen bist.
3. Niemand hat sich *aufgeregt.*
   Die _____ (excitement) war zu viel für die arme Tante.
4. So eine Romanfrau schämt sich nicht, sich so *auszudrücken.*
   Es tut mir leid, aber diesen _____ (expression) verstehe ich nicht.
5. Eine Frau, die *erfahren* hat, daß sie ein Kind bekommt, freut sich darauf.
   Jeder muß seine _____ (experiences) selbst machen.

II. FRAGEN UND THEMEN

A. Fragen zum Inhalt

Wählen Sie die beste Antwort.

1. Warum ist das Kind nicht größer als eine Maulbeere?
   a. Die Mutter ist winzig klein.
   b. Das Kind ist erst[12] einige Wochen alt.
   c. Das Kind will nicht groß werden.

---

[12]**erst** just.

2. Die junge Frau soll ihren Freund heiraten,
   a. damit sie ihren armen Eltern keine Schande macht.
   b. damit sie mehr Geld ausgeben kann.
   c. damit das Kind alles schön ordentlich haben kann.
3. Warum fühlt sie sich wie Gulliver?
   a. Lilliputaner haben sie mit den Haaren an der Erde gefesselt.
   b. Sie ist ein Riese und alle Menschen kommen ihr klein vor.
   c. Sie fühlt sich durch die Existenz des Kindes angebunden.

B. Weitere Fragen zum Inhalt

1. Warum ist es nicht so schlimm, wenn die Frau nicht heiratet?
2. Wovor hatte sie sich gefürchtet?
3. Warum sagte der Arzt wohl Maulbeere?
4. Was wird sie ihrem Freund sagen?
5. Was tut eine vernünftige Frau, die erfahren hat, daß sie ein Kind bekommt?

C. Fragen zur Diskussion

1. Inhaltliches

   Wählen Sie eine der Antworten und erklären Sie Ihre Wahl.
   a. Wie ist die Frau, die hier über sich selbst spricht?
      i. Sie kann über alles sprechen, ohne schüchtern zu sein.
      ii. Sie weint ein bißchen, aber dann denkt sie über ihre Lage nach.
      iii. Sie will keine Verantwortung auf sich nehmen.
   b. Wie ist die Haltung der Frau der Maulbeere gegenüber?[13]
      i. Sie hat sich ein Kind gewünscht und ist glücklich.
      ii. Sie plant sofort eine Abtreibung.[14]
      iii. Sie glaubt, daß sie das Kind nie lieben kann, weil sie es nicht selbst geplant hat.
      iv. Sie ist eine vernünftige Frau, die ihr Kind lieben wird.

2. Persönliches

   Drücken Sie Ihre Meinung aus und verwenden Sie die Stichwörter unten, oder geben Sie eigene Antworten.

   Wie würden Sie sich als Frau (als Freund) verhalten, wenn Sie erführen, daß eine „Maulbeere" existiert?

---

[13]Haltung... gegenüber attitude toward.   [14]die Abtreibung abortion.

zu schüchtern, alles offen zu besprechen / sich vor den Leuten fürchten / ruhig über die Sache nachdenken / keine Verantwortung auf sich nehmen

III. NACHERZÄHLUNG

Erzählen Sie die Geschichte mit eigenen Worten nach, und versuchen Sie dabei, die folgenden Stichwörter zu benutzen.

1. der Arzt / „Ihr Kind"
2. Vorhang / sich anziehen
3. „keine Sorgen" / heiraten
4. Bank / sich wundern
5. sich vor dem Ereignis fürchten
6. Geheimnis / alltäglicher Vorgang
7. eine Beere wegwerfen / groß werden
8. ordentlicher Mann / deutsches Mädchen
9. angebunden / Gulliver
10. eine vernünftige Frau

4
Kurt Tucholsky

Kurt Tucholsky was born in Berlin in 1890, the son of a merchant. He studied law in Berlin, Geneva, and Jena. In 1911 he became a journalist for the social democratic magazine Vorwärts. *He participated in World War I and established a newspaper for soldiers,* Der Flieger. *After the war, he returned to Berlin, where, as the editor of the Berlin newspaper* Ulk, *he began his radical activities as a liberal humanist and militant pacifist. After an exhausting struggle against insipid bureaucracy during the Weimar Republic, Tucholsky emigrated to Sweden in 1929. Embittered over the control of Germany by the Nazis and depressed by numerous personal failures, Tucholsky committed suicide there in 1935. The satirical wit and pedestrian humor of his situation comedies have contributed considerably to the recent revival of his popularity in Germany.*

Some of his major works are Rheinsberg, ein Bilderbuch für Verliebte *(1912),* Träumereien an preußischen Kaminen *(1920),* Deutschland, Deutschland über alles *(1929), and* Schloß Gripsholm *(1931).*

WO KOMMEN DIE LÖCHER IM KÄSE HER?[1]

Wenn abends einmal° Gesellschaft° ist, bekommen die Kinder vorher zu essen. Kinder brauchen nicht alles zu hören, was Erwachsene sprechen, und billiger ist es auch. Es gibt belegte Brote,° Mama nascht ein bißchen mit,° Papa ist noch nicht da. „Mama, guck mal° die Löcher in dem Käse!"—Zwei Kinderstimmen, gleichzeitig,° „Tobby ist aber dumm! Im Käse sind doch immer Löcher!" Eine weinerliche° Jungenstimme, „Na ja,° aber warum? Mama, wo kommen die Löcher im Käse her?"—„Du sollst bei Tisch nicht reden!"—„Ich möcht' aber doch wissen, wo die Löcher im Käse herkommen!"—Pause—Mama, „Die Löcher . . . also, ein Käse hat immer Löcher!"—„Mama, aber dieser Käse hier hat doch keine Löcher. Warum?"—„Jetzt schweig und iß. Ich hab dir schon hundertmal gesagt, du sollst

wenn . . . einmal whenever
die Gesellschaft company
belegte Brote open-faced sandwiches
mitnaschen snack (with them)
guck mal look at
gleichzeitig at the same time
weinerlich whining
na ja well

---

[1]Wo kommen die Löcher im Käse her where do the holes in cheese come from.

31

32 KURT TUCHOLSKY

bei Tisch nicht reden. Iß!" „BWWW,—ich möcht' aber doch . . ."—Geschrei.°—Eintritt° Papa. „Was ist denn hier los? Gun Ahmt!² Ach der Junge ist wieder ungezogen!"°—„Ich bin gar nicht ungezogen. Ich will nur wissen, wo die Löcher im Käse herkommen."—Papa, „Na, deswegen brauchst du doch nicht so zu brüllen.° Mama wird dir das erklären."—Mama, „Jetzt gibst du dem Jungen noch recht!³ Bei Tisch hat er zu essen und nicht zu reden."—Papa: „Wenn ein Kind fragt, kann man ihm das schließlich erklären. Finde ich. Also, die Löcher im Käse, das ist bei der Fabrikation;° Käse macht man aus Butter und aus Milch; in der Schweiz machen sie das sehr schön—wenn du groß bist, darfst du auch mal mit in die Schweiz, da sind so hohe Berge, da liegt ewiger Schnee darauf—das ist schön, was?"°—„Ja, Papa, aber wo kommen denn die Löcher im Käse her?" —„Junge, jetzt löchere mich nicht° mit deinen Löchern und geh zu Bett, marsch!"—„Erklär mir doch erst . . ." Bumm.° Katzenkopf.° Ungeheuerliches Gebrüll. Klingel. Onkel Adolf. „n Ahmt, na wie geht's? Tobby, was schreist du denn so?"—„Ich will wissen . . ."—„Sei still! Margot wird mit dem Jungen nicht fertig,⁴ er will wissen, wo die Löcher im Käse herkommen, und sie hat's ihm nicht erklärt."—„Sag mal, weißt du denn, wo die Löcher im Käse herkommen?"—„Na, das ist aber eine komische Frage. Natürlich weiß ich, wo die Löcher im Käse herkommen! Die entstehen° bei der Fabrikation durch Feuchtigkeit,° das ist doch ganz einfach!"—„Na, mein Lieber,° da hast du dem Jungen aber ein schönes Zeugs° erklärt!"—„Du bist aber komisch, kannst du mir denn erklären, wo die Löcher im Käse herkommen?"—„Gott sei Dank kann ich das."—„Also bitte."—„Also die Löcher im Käse entstehen durch das sogenannte Kaseïn° . . ."—„Das ist doch Quatsch." „Das ist kein Quatsch!"—„Mit dem Kaseïn hat das überhaupt nichts zu . . . gun Ahmt, Martha, gun Ahmt, Oskar . . . bitte, nehmt Platz!° . . . überhaupt nichts zu tun!"— „Was streitet ihr euch denn da herum?"—Papa. „Oskar, du hast doch studiert und bist Rechtsanwalt:° haben die

---

²**Gun Ahmt** guten Abend (Berlin dialect). ³**Jetzt gibst du dem Jungen noch recht!** Now you are siding with the boy.
⁴**Margot wird mit dem Jungen nicht fertig** Margot can't manage the boy.

WO KOMMEN DIE LÖCHER IM KÄSE HER? 33

Löcher im Käse irgend etwas mit Kaseïn zu tun?"— "Nein. Die Käse im Löcher ... ich wollte sagen: die Löcher im Käse kommen daher,° daß sich der Käse durch die Wärme bei der Gärung° zu schnell ausdehnt."° Hohngelächter° der plötzlich verbündeten° Helden Papa und Onkel Adolf.—Eintritt Onkel Siegismund, Tante Jenny, Dr. Guggenheimer und Direktor Flackeland. Großes „Guten Abend! ... geht's?°... unterhalten uns gerade ... ausgerechnet° Löcher im Käse ... es wird gleich gegessen ... also bitte, erkläre du!"—Onkel Siegismund, „Also ... die Löcher im Käse kommen daher, daß sich der Käse bei der Gärung vor Kälte zusammenzieht!"°—Großer Ausbruch mit vollbesetztem Orchester,[5] „Haha! Vor Kälte!"—Onkel Siegismund beleidigt° ab° in die Ecke. Direktor Flackeland, „Meine Herren, da muß wohl wieder mal ein Mann des praktischen Lebens kommen ... die Herren sind ja größtenteils Akademiker ... (Niemand widerspricht°). Also die Löcher in Käse sind Zerfallsprodukte°... der Käse zerfällt eben ... weil der Käse ..." Alle Daumen° sind nach unten gerichtet,° der Sturm bricht los.—„Pö!° Mit chemischen Formeln ist die Sache nicht gemacht!"°—Eine hohe Stimme, „Habt ihr denn kein Lexikon?"°—Sturm auf° die Bibliothek.— „Wo ist denn? ... Richtig. GROBKALK BIS KERBTIERE. Kanzel, Kapital, Karwoche,[6] Käse ... also: Die blasige° Beschaffenheit° mancher Käsesorten rührt her von° einer Kohlensäureentwicklung° aus dem Zucker der eingeschlossenen Molke."°—Alle, unisono,° „Was hab' ich gesagt?"—„Also, wie war das? Ihre Erklärung war falsch. Meine Erklärung war richtig."—„Was du gesagt hast, war Blödsinn."°—„Was verstehst du von Käse!"—„Spuck nicht,° wenn du mit mir sprichst!"— Nun reden alle mit einem Mal. Man hört, „Betrag dich gefälligst anständig,[7] wenn du bei mir zu Gast bist!"— „... mir überhaupt keine Vorschriften zu machen!"[8]— „Du bist hier nicht bei dir zu Hause, hier sind an-

daher kommen result from the fact (that)
die Gärung fermentation
sich ausdehnen expand
das Hohngelächter scornful laughter
verbündet allied
geht's = wie geht's
ausgerechnet of all things
sich zusammenziehen vor contract because of
beleidigt insulted
ab = abgehen
widersprechen contradict
das Zerfallsprodukt product of decomposition
der Daumen thumb
richten point
pö! bah!
gemacht (lit. made) solved
das Lexikon encyclopedia
Sturm auf rush to
blasig vesicular
die Beschaffenheit consistency
herrühren von result from
die Kohlensäureentwicklung development of carbonic acid
die Molke whey
unisono in unison
der Blödsinn nonsense
spuck nicht don't spit

---

[5]Großer Ausbruch mit vollbesetztem Orchester great outburst with full orchestra (everyone bursts out laughing). [6]Grobkalk unrefined lime. Kerbtier insect. Kanzel pulpit. Karwoche Holy Week before Easter. [7]betrag dich gefälligst anständig behave yourself properly, if you please. [8]mir überhaupt keine Vorschriften zu machen don't you be giving me any orders.

34 KURT TUCHOLSKY

anständig respectable

'raus out of here
der Fraß slop
der Lümmel lout

herhaben get from

das Theaterabonnement season ticket to the theater
Räumungsklage des Wirts eviction by the landlord
Emmenthaler Swiss cheese
anklagend accusing
weithinhallend resoundingly

ständige° Leute!"—„Wo denn?"—„Das nimmst du sofort zurück!"—„Ich lasse in meinem Haus meine Gäste nicht beleidigen! Du gehst mir sofort aus dem Haus!"— „Ich bin froh, wenn ich 'raus° bin. Deinen Fraß° brauch ich nicht!"—„Meine Herren, das ist aber doch . . ."— „Ich als Kaufmann . . . !"—„Lümmel!"°—„Kein Wunder, bei dem Vater!"—„Und deine? Wo hast du denn deine Frau her?"°—„Raus, Lümmel!"—„Wo ist mein Hut? In so einem Haus muß man ja auf seine Sachen aufpassen!"—„Das wird noch ein juristisches Nachspiel haben.[9] Lümmel!"—In der Türöffnung erscheint Emma und spricht, „Jnädje Frau, es ist anjerichtet!"[10]—Vier Privatbeleidigungsklagen, zwei umgestoßene Testamente, ein aufgelöster Soziusvertrag, drei Klagen um bewegliche Vermögensobjekte,[11] ein gemeinsames Theaterabonnement,° einen Schaukelstuhl, eine Räumungsklage des Wirts.°

Auf dem Schauplatz bleiben zurück: ein trauriger Emmenthaler° und ein kleiner Junge, der die Arme zum Himmel hebt und, den Kosmos anklagend,° weithinhallend° ruft, „Mama, wo kommen die Löcher im Käse her—?"

I. SPRACHÜBUNGEN

A. Synonyme

Ersetzen Sie das kursivgedruckte Wort durch ein Synonym auf der nächsten Seite.

1. Zwei Kinderstimmen *gleichzeitig*, „Tobby ist aber dumm!"
2. Na, deswegen brauchst du doch nicht so zu *brüllen*.
3. Wenn ein Kind fragt, kann man ihm das *schließlich* erklären.
4. Na, das ist aber eine *komische* Frage.
5. Der Käse *dehnt sich* durch die Wärme bei der Gärung *aus*.
6. Was du gesagt hast, war *Blödsinn*.
7. *Betrag dich* gefälligst anständig.
8. In so einem Haus muß man ja auf seine Sachen *aufpassen*.

---

[9] das wird noch ein juristisches Nachspiel haben there will certainly be a legal ending to this.   [10] Jnädje Frau, es ist anjerichtet madam, dinner is served (Berlin dialect).
[11] die Privatbeleidigungsklage; umgestoßenes Testament; aufgelöster Soziusvertrag; bewegliche Vermögensobjekte (these are legal terms) libel action in a civil court; changed will; dissolved partnership agreement; chattel (any property except real estate).

WO KOMMEN DIE LÖCHER IM KÄSE HER? 35

heulen / sich vergrößern / Quatsch / sich benehmen / simultan / seltsam / achten / doch

B. Redewendungen

Schreiben Sie jeden Satz um, indem Sie einen treffenderen Ausdruck unten für die kursivgedruckten Wörter wählen.

1. Jetzt *gibst* du dem Jungen noch *recht*.
   a. sagst ... das Richtige
   b. gibst ... das Recht
   c. stimmst ... zu (ja sagen zu)
2. Margot *wird* mit dem Jungen nicht *fertig*.
   a. kommt ... zurecht
   b. kann ... arbeiten
   c. will ... tanzen
3. Bitte, *nehmt Platz!*
   a. setzt euch
   b. reserviert einen Platz
   c. findet statt
4. Nun reden alle *mit einem Mal*.
   a. zugleich
   b. zum ersten Mal
   c. eine Zeitlang

C. Wortfamilien

Setzen Sie ein Nomen, Verb oder Adjektiv ein, das in die Wortfamilie des kursivgedruckten Wortes gehört.

Beispiel: Kinder brauchen nicht alles zu hören, was *Erwachsene* sprechen.
Fritzchen, du <u>wächst</u> (grow) viel zu schnell!

1. Eine *weinerliche* Jungenstimme fragt.
   Bei solchen Romanen <u>weine</u> (cry) ich immer.
2. Du sollst bei Tisch nicht *reden*.
   Hört zu, Onkel Adolf will eine <u>Rede</u> (speech) halten!
3. Es gibt ein Hohn*gelächter*.
   Über solch einen Witz kann man nicht <u>lachen</u> (laugh).
4. Spuck nicht, wenn du mit mir *sprichst!*
   Heute lernt man wieder <u>Sprachen</u> (languages).
5. In der Tür*öffnung* erscheint Emma.
   Glaubst du, daß wir diesen Brief <u>öffnen</u> (open) sollen?

II. FRAGEN UND THEMEN

A. Fragen zum Inhalt

Wählen Sie die beste Antwort.

1. Welche Frage stellt der Junge an seine Mutter?
   a. Warum darf ich nicht bis 11 Uhr aufbleiben?
   b. Wo kommen die Löcher im Käse her?
   c. In welcher Stadt stellt man Käse her?
2. Wie antwortet die Mutter auf die Frage des Kindes?
   a. Die Löcher entstehen bei der Fabrikation durch Feuchtigkeit.
   b. Die Löcher entstehen durch zahlreiche Mäuse, die täglich kleine Stücke herausfressen.
   c. Kinder sollen bei Tisch nicht reden.
3. Was bekommt der Junge, weil er nicht sofort zu Bett geht?
   a. Er bekommt fünf Mark und eine Tafel Schokolade.
   b. Er bekommt eine heftige Ohrfeige.
   c. Er bekommt eine kleine Katze.
4. Was für eine Antwort gibt Onkel Siegismund auf die Frage des Jungen?
   a. Die Löcher entstehen daher, daß sich der Käse bei der Gärung vor Kälte zusammenzieht.
   b. Die Löcher entstehen durch eine Kohlensäureentwicklung aus dem Zucker der eingeschlossen Molke.
   c. Die Löcher entstehen in der Schweiz.
5. Würden Sie sich über solch eine Frage streiten?
   a. Ja, wo die Löcher im Käse herkommen, ist eine sehr wichtige Frage.
   b. Nein, es lohnt sich nicht.
   c. Nein, es ist eine lächerliche Frage.

B. Weitere Fragen zum Inhalt

1. Was sagt der Papa, als er eintritt?
2. Woraus macht man Käse der Meinung des Vaters nach?
3. Warum geht Onkel Siegismund beleidigt in die Ecke?
4. Wer glaubt, daß der Käse zerfällt?
5. Wo suchen jetzt alle eine Erklärung?

C. Fragen zur Diskussion

1. Inhaltliches

   Wählen Sie eine der Antworten und erklären Sie Ihre Wahl.

a. Warum stellt der Junge die Frage an seine Mutter?
   i. Er denkt, sie weiß alles.
   ii. Er will sie nur ärgern.
   iii. Er will die Antwort wirklich wissen.
b. Welche Antwort gibt die Mutter?
   i. Frag deinen Lehrer!
   ii. Das verstehst du noch nicht. Warte bis du größer bist!
   iii. Kleine Kinder sollen bei Tisch nicht reden.
c. Wie müssen sich Kinder bei Tisch benehmen?
   i. Sie brauchen nur zu essen, was sie mögen.
   ii. Sie sollen bei Tisch schweigen und essen.
   iii. Was sie nicht mögen, können sie dem Hund geben.
d. Wie benehmen sich die Gäste und Gastgeber auf der Party?
   i. Sie tanzen bis in den Morgen.
   ii. Sie unterhalten sich über Kunst und Theater.
   iii. Sie streiten sich und beleidigen einander, und die Gäste gehen hungrig und böse weg.

2. Persönliches

   Drücken Sie Ihre Meinung aus und verwenden Sie die Stichwörter unten, oder geben Sie eigene Antworten.

   a. Worüber haben Sie als Kind Fragen gestellt?
      wohin geht der Mond? / woher komme ich? / warum kann ein Auto fahren? / kommen Hunde auch in den Himmel? / lügen Erwachsene nie?
   b. Wie hat Ihre Mutter reagiert?
      Lehrer fragen / warten bis später / selbst nicht wissen / nicht alles wissen sollen
   c. Wie hat Ihr Vater reagiert?
      Katzenkopf geben / mit auf eine Reise nehmen / Mutter fragen / im Lexikon nachschlagen / nicht stören
   d. Wer hat Ihre Fragen am besten beantwortet?
      Vater / Mutter / Großvater / Lehrer / Tante

III. NACHERZÄHLUNG

Erzählen Sie die Geschichte mit eigenen Worten nach, und versuchen Sie dabei, die folgenden Stichwörter zu benutzen.

1. Kinder vorher
2. Woher?/Löcher

3. bei Tisch nicht
4. Papa / erklären
5. bei der Fabrikation
6. Katzenkopf
7. Verwandte kommen / streiten
8. Lexikon / Bibliothek
9. alle, unisono
10. anständige Leute / wo?
11. Fraß
12. juristisches Nachspiel
13. Emma / erscheinen
14. auf dem Schauplatz zurück

Max von der Grün

Max von der Grün was born in Bayreuth in 1926. After an apprenticeship in marketing, he entered the German military during World War II. Following the war, he was a construction worker for three years and then a miner in the Ruhr area. Today, von der Grün is a free-lance writer living in Dortmund. His experiences as a construction worker and miner are reflected in works such as Männer in zweifacher Nacht *(1962) and* Aus der Welt der Arbeit *(1966), in which he deals with the daily struggles of the worker.*

This story, "Kinder sind immer Erben," is taken from the collection of tales Fahrtunterbrechung *(1965) and deals with the contemporary German problem of guilt or innocence relating to World War II. According to the story, managing to get through the Nazi years without guilt was often a matter of luck, not of moral convictions. But despite the question of innocence or guilt, it is often the children who have to suffer the repercussions of the parents' deeds.*

KINDER
SIND IMMER ERBEN

Bisher glaubte ich, Mörder müsse man an ihren Händen erkennen, Massenmörder an ihren Augen. Ich weiß nicht, warum ich das glaubte, wahrscheinlich hatte sich aus° den Kindertagen diese Annahme in mir
5 festgesetzt.°

    Mein Nachbar hatte die schönsten Augen, die ich je sah, und meine Frau, die gern in Bildern spricht, nannte seine Augen weinende Aquamarine; seine Hände waren so schmal und wohlgepflegt,° daß sie
10 behüteten° Frauenhänden glichen.

    Dann wurde mein Nachbar verhaftet. Meine Frau und ich sahen an einem Sonntagvormittag zwei grüne Autos vorfahren, Uniformierte und Zivilisten führten meinen Nachbarn aus dem Haus in einen der grünen
15 Wagen. Das ganze Stadtviertel wußte am Abend davon.

    Am Montag darauf° lasen wir in der Zeitung, der Verhaftete werde beschuldigt,° an der Ermordung von zweihundert Geiseln° in einem mährischen° Dorf im Jahre einundvierzig beteiligt gewesen zu sein.

aus (here) during
sich festsetzen become implanted

wohlgepflegt well cared for
behütet protected

darauf after it
beschuldigt accused
die Geisel hostage
mährisch Moravian

41

Nein, sagte meine Frau. Nein! Nie! Nicht dieser Mann!

Ich wollte es auch nicht glauben. Ich war sprachlos geworden und beschimpfte° stumm die Zeitungsleute als Schmutzfinken.° Dieser Mann? Er und seine Frau spielten jede Woche einmal bei uns Doppelkopf,° wir zechten° und waren fröhlich und fuhren manchmal übers Wochenende vor° die Stadt in den Wald. Manchmal sprachen wir auch über Politik, und er konnte sich über alles maßlos° erregen, was auch° nur den leisesten Anruch° von Gewalt hatte. Waren wir bei ihnen eingeladen, konnten wir uns aufmerksamere Gastgeber nicht wünschen.

Vor drei Jahren hatte sich mein Nachbar ein Auto gekauft, seitdem nahm er mich in die Stadt zur Arbeit mit, morgens und abends fuhr er einen Umweg° von einem Kilometer durch die belebtesten Straßen der Stadt, nur damit ich nicht der Unannehmlichkeit° ausgesetzt war, mit der Straßenbahn zu fahren. Ich hätte morgens eine halbe Stunde früher aufstehen müssen, abends wäre ich eine Stunde später nach Hause gekommen.

Und dieser Mann mit den Augen wie weinende Aquamarine sollte nun ein Massenmörder sein?

Aber, sagte meine Frau hilflos, er lebte doch nicht unter falschem Namen. Er lebte wie wir, hat gearbeitet, schwer geschuftet° für seine Familie. Er war doch ein herzensguter Mann. Und hast du mal gehört, wie er mit seinen Kindern sprach? Spricht so ein Mann, der so sein soll, wie jetzt in der Zeitung steht? Nein, nein, so könntest du nie mit unseren Kindern sprechen. Er vergötterte° seine Kinder.

Eine Antwort konnte ich ihr nicht geben, ich dachte all die Tage hindurch nur an unser wöchentliches Doppelkopfspiel und an die Geiseln in dem kleinen mährischen Dorf. Frauen sollen dabei gewesen sein und Kinder, und sie wurden von Maschinengewehren° so kunstgerecht° umgemäht,° daß sie sofort in die lange, von ihnen selbstausgehobene° Grube fielen. Das soll die Erfindung meines Nachbarn gewesen sein, er habe damals, so hieß es, sogar einen Orden° dafür bekommen.

Mein Gott, sagte meine Frau immer wieder, mein

Gott! Die Frau und die Kinder. Mein Gott, die Kinder!
65 Dort in Mähren sollen auch Kinder dabei gewesen sein, sagte ich heftiger als ich wollte.

Vielleicht lügen die Zeitungen, sagte sie später, und alles ist nur Erfindung oder eine Namensverwechslung.° Er hat doch frei unter uns gelebt ... er hätte doch
70 untertauchen° können ... ja ... wie so viele ... verschwinden ... daß ihn keiner findet ...

Ich sah an den Samstagen, wenn ich zu Hause war, unsere Nachbarin ihre Kinder zur Schule bringen, zum Schutz,° denn die anderen Kinder unserer Straße riefen
75 die ihren° Mörderkinder.

Wir sollten sie besuchen, sagte an einem Abend meine Frau. Wir waren nicht mehr bei ihr, seit ihr Mann verhaftet ist. Bist du verrückt? Das können wir nicht. Denk an meine Stellung. Wenn uns jemand sieht,
80 dann heißt es womöglich noch, wir hätten davon gewußt und wir werden auch vor Gericht gezerrt.°

Aber, rief meine Frau, und die Tränen schossen° ihr in die Augen, die Frau kann doch nichts dafür.¹ Und dann: Die Kinder! Die Kinder!
85 Vielleicht hat die Frau alles gewußt, rief ich ungehalten.°

Na und? Soll sie hingehen und ihren eigenen Mann anzeigen?° Würdest du mich anzeigen? Würde ich dich anzeigen? Sag schon,° so sag schon! Du stellst dir alles so
90 leicht vor.

Mord bleibt Mord, sagte ich. Am nächsten Morgen ging ich an den Kindern des Verhafteten vorbei, als° hätte ich sie nie gesehen. Sie riefen hinter mir her: Onkel Karl ... Onkel Karl ... Dann kam der
95 Prozeß.° Das Verbrechen war noch schrecklicher, als wir geglaubt hatten. Es stellte sich heraus, daß die Frau, zumindest in groben Zügen,² von der Vergangenheit ihres Mannes wußte. Sie konnte ihre Aussage° verweigern,° aber sie sagte aus. Am Ende ihrer Aussage
100 fragte sie der Richter, warum sie all die Jahre geschwiegen habe. Sie weinte, als sie sagte: Was sollte ich tun? Was nur?° Was? Er ist doch ...

Aus den Zeitungen erfuhren wir das alles, obwohl das

---

¹**die Frau kann doch nichts dafür** the wife can't do anything about it. ²**in groben Zügen** in general.

Gerichtsgebäude nur tausend Meter von unserer Wohnung entfernt lag.

So, da hast du nun die ganze Wahrheit, sagte ich zu meiner Frau nach dem Urteil,° fünfzehn Jahre Zuchthaus.°

Die ganze Wahrheit? fragte sie leise.

Die ganze Wahrheit, schrie ich ihr ins Gesicht.

Und die Kinder? fragte sie nach einer Weile, und dann: Wenn du nun dieser Mann wärest?

Ich bin aber nicht dieser Mann, verstehst du? Ich bin nicht dieser Mann! Ich bin es nicht!

Nein, du nicht. Du hast damals Glück gehabt, damals, in den Jahren.

Du bist verrückt! Glück. Wenn ich das schon höre. Man brauchte so etwas nicht zu tun, man konnte sich weigern.

Weißt du das so genau? fragte sie.

Ja, das weiß ich genau!

Und du hast dich geweigert? bohrte sie weiter.°

Ich war erstaunt. Ich? Mich geweigert? . . Nein . . . wieso . . . ich bin doch nie in die Lage gekommen . . . , nein . . . das blieb mir erspart . . . ja . . . wie soll ich das sagen . . .

Ich sagte doch, du hast Glück gehabt, du bist nie in die Lage gekommen. Und du hättest dich natürlich geweigert.

Natürlich hätte ich, rief ich aufgebracht.°

Sie sah mich lange an, dann sagte sie: Manchmal hast du auch Augen wie er, aber nur manchmal.

Sei vernünftig. Es geht hier um Wahrheit³ und um Gerechtigkeit.° Wo kämen wir hin,⁴ wenn . . .

Oder um Rache,° nicht wahr? Wird ein anderer abgeurteilt,° beruhigt das euer Gewissen. Geht es nicht auch um die Kinder? Ja, mein Lieber, auch um die Kinder.

Dann trug sie das Abendessen auf.°

Die Kinder des Verurteilten riefen nun nicht mehr Onkel Karl hinter mir her, sie versteckten sich, wenn sie mich kommen sahen, und das war schlimmer, als wenn sie gerufen hätten.

---

³**Es geht hier um Wahrheit** it is a question of truth. ⁴**Wo kämen wir hin** where would it get us.

Am dritten Sonntag nach dem Urteil kam meine
145 Frau in das Wohnzimmer, meine drei Kinder ebenfalls,
und sie hatten Päckchen in den Händen, meine Frau
Blumen. Ich wollte mich zu einem Mittagsschlaf hinle-
gen und ärgerte mich über die Störung.
 Geht ihr aus? fragte ich. Wo wollt ihr so früh schon
150 hin?
 Hinüber,° sagte sie. Zu ihr und den Kindern. hinüber over there
 Was? Ich war bestürzt° und zornig. Wenn du schon bestürzt perplexed
hinüber willst, dann warte, bis es Nacht ist.
 Nein, sagte sie, dann sieht mich doch keiner.

I. SPRACHÜBUNGEN

A. Synonyme

Ersetzen Sie das kursivgedruckte Wort durch ein Synonym unten.

1. Die Hände waren so schmal und wohlgepflegt, daß sie behüteten Händen *glichen*.
2. Wir *zechten* und waren fröhlich.
3. Manchmal *sprachen* wir auch *über* Politik.
4. Er hätte doch *untertauchen* können.
5. Denk an meine *Stellung*.
6. Du *stellst* dir alles so leicht *vor*.
7. So, da hast du nun die ganze Wahrheit, sagte ich zu meiner Frau nach dem Urteil, fünfzehn Jahre *Zuchthaus*.
8. Was? Ich war bestürzt und *zornig*.

denken / besprechen / trinken / böse / das Gefängnis / verschwinden / ähneln / der Beruf

B. Bedeutungsähnliche Wörter

1. wissen / kennen
   a. Erklärung: *wissen* und *kennen* bedeuten „to know", aber zwischen beiden Verben besteht ein sachlicher[5] und formaler Unterschied. *Kennen* bezeichnet[6] eine Bekanntschaft[7] durch persönliche Erfahrung mit jemandem oder etwas, während *wissen* vor allem Kenntnis[8] von etwas ist. *Wissen* hat oft einen Nebensatz.[9] Den Unter-

---

[5]**sachlich** factual.   [6]**bezeichnen** indicate.   [7]**die Bekanntschaft** acquaintance.
[8]**die Kenntnis** knowledge.   [9]**der Nebensatz** subordinate clause.

schied zwischen *wissen* und *kennen* machen folgende Beispiele klar:
Wissen Sie den Autor dieses Buches? = *Wissen* Sie, wie er heißt?
Kennen Sie den Autor dieses Buches? = *Kennen* Sie ihn persönlich?
- b. Beispiele aus den Texten
    - i. Das ganze Stadtviertel *wußte* am Abend davon. („Kinder sind immer Erben")
    - ii. Die anderen Finger sind auch an der Hand, aber ich *kenne* sie nicht. („Ein Abreißkalender sagt was")
- c. Alltägliche Beispiele
    - i. *Kennen* Sie Herrn Schmidt?
    - ii. *Wissen* Sie, wo Herr Schmidt wohnt?
    - iii. *Wissen* Sie zufällig die Adresse von Herrn Schmidt?
- d. Übungssätze
  Setzen Sie das treffendste Verb ein.
    - i. Er _____ München sehr gut.
    - ii. Ich _____ nicht, was ich machen soll.
    - iii. _____ Sie, wo München liegt?
    - iv. Sie _____ Goethes *Faust* fast auswendig.
    - v. _____ Sie Goethes Sterbejahr?

2. lernen / erfahren
   - a. Erklärung: *lernen* und *erfahren* können beide „to learn" bedeuten. *Lernen* gebraucht man aber nur für wirkliches Lernen und Studieren. *Erfahren* bezieht sich auf Information, die man aus einer Zeitung, aus dem Rundfunk, durch einen Brief oder von einem Freund bekommt.
   - b. Beispiele aus den Texten
       - i. Aus den Zeitungen *erfuhren* wir das alles. („Kinder sind immer Erben")
       - ii. Mir selbst macht das nichts aus, denn ich habe früh *gelernt*, mich zu bescheiden.[10] („In Eile")
   - c. Alltägliche Beispiele
       - i. Bei wem hat er Klavierspielen *gelernt?*
       - ii. Wo kann ich *erfahren*, wann der nächste Zug abfährt?
       - iii. Wir haben heute eine wichtige Regel *gelernt.*
   - d. Übungssätze
     Setzen Sie das treffendste Verb ein.
       - i. Eine vernünftige Frau, die _____ hat, daß sie ein Kind bekommt, freut sich darauf.

---

[10]*sich bescheiden* to resign oneself.

ii. Sie kann gut kochen, weil sie es richtig _____ hat.
iii. Wir haben eben eine wichtige Neuigkeit[11] _____ .
iv. Bei wem haben Sie Zeichnen[12] _____ ?

C. Wortfamilien

Setzen Sie ein Nomen, Verb oder Adjektiv ein, das in die Wortfamilie des kursivgedruckten Wortes gehört.

Beispiel: Bisher glaubte ich, *Mörder* müsse man an ihren Händen erkennen.
„Mord (murder) bleibt Mord (murder)", sagte ich.

1. Wahrscheinlich hatte sich diese *Annahme* in mir festgesetzt.
Ich kann wohl _____ (suppose), daß Sie nichts von dieser Sache gewußt haben?
2. Wir lasen in der Zeitung, der Verhaftete werde *beschuldigt*.
Alle waren sicher, daß er keine _____ (guilt) daran hatte.
3. Er fuhr einen Umweg durch die *belebtesten* Straßen.
Er lief, als ob sein _____ (life) davon abhinge.
4. Er war doch ein *herzens*guter Mann.
Ich hab mein _____ (heart) in Heidelberg verloren.
5. Ich sah unsere Nachbarin ihre Kinder zur Schule bringen, zum *Schutz*.
Wir _____ (protect) uns vor Erkältungen, indem wir Vitamine nehmen.

II. FRAGEN UND THEMEN

A. Fragen zum Inhalt

1. Was geschah an einem Sonntagvormittag?
2. Was sollte der Verhaftete getan haben?
3. Worüber macht sich die Frau des Erzählers die größten Sorgen?
4. Warum brachte die Nachbarin jetzt ihre Kinder zur Schule?
5. Warum wollte der Erzähler die Frau des Verhafteten nicht besuchen?
6. Wieso meint die Frau, daß ihr Mann, der Erzähler, Glück gehabt hätte?
7. Was geschah am dritten Sonntag nach dem Urteil?
8. Warum wollte die Frau nicht warten, bis es Nacht war?

---

[11]die Neuigkeit   piece of news.   [12]das Zeichnen   drawing.

B. Fragen zur Diskussion

1. Inhaltliches

    Wählen Sie eine der Antworten und erklären Sie Ihre Wahl.

    a. Was würden Sie über die Frau des Erzählers sagen?
        i. Die Kinder anderer Leute interessieren sie nicht.
        ii. Sie sucht Streit mit ihrem Mann.
        iii. Sie beurteilt die Situation als Frau und Mutter.
    b. Was würden Sie über den Erzähler sagen?
        i. Er glaubt alles, was in den Zeitungen steht.
        ii. Es ist ihm gleich, was die Leute reden.
        iii. Er glaubt, man müsse Mörder an ihren Händen erkennen.
    c. Wie ist die Haltung der Frau des Erzählers?
        i. Sie meint, es wäre richtig, den eigenen Mann anzuzeigen.
        ii. Sie läßt ihre Kinder nicht mehr mit den Kindern der Nachbarin spielen.
        iii. Sie zwingt ihren Mann, ehrlich zu sein.
    d. Wie ist die Haltung des Erzählers?
        i. Er hält zu einem Freund, selbst wenn er ein Verbrecher ist.
        ii. Er glaubt, bei dem Prozeß sei die ganze Wahrheit herausgekommen.
        iii. Er ist sicher, daß er nie so gehandelt hätte, wie der Nachbar.

2. Persönliches

    Drücken Sie Ihre Meinung aus und verwenden Sie die Stichwörter unten, oder geben Sie eigene Antworten.

    a. Wie würden Sie sich verhalten, wenn Sie hörten, daß Ihr Freund ein Verbrechen begangen hat?
    sich offen zu ihm bekennen[13] / Geld für seine Verteidigung[14] sammeln / ihn besuchen, ohne gesehen zu werden / sich fürchten, selbst hineingezerrt[15] zu werden
    b. Was würden Sie tun, wenn Sie erführen, daß Ihr Mann (Ihre Frau) ein schweres Verbrechen begangen hat?
    vor Gericht für ihn lügen / ihn anzeigen / sich scheiden lassen[16] / warten, bis er zurückkommt
    c. Unter welchen Umständen würden Sie etwas gegen Ihr Gewissen tun?
    bei unheilbarer Krankheit / ein Freund ist zu unrecht angeklagt / aus Angst ums eigene Leben / aus Treue zu einem Freund

---

[13]**sich bekennen zu** acknowledge (in the sense of to stick by). [14]**die Verteidigung** defense. [15]**hineinzerren** involve. [16]**sich scheiden lassen** get a divorce.

III. NACHERZÄHLUNG

Erzählen Sie die Geschichte mit eigenen Worten nach, und versuchen Sie dabei, die folgenden Stichwörter zu benutzen.

1. der Nachbar / Augen / verhaftet
2. jede Woche
3. arbeiten für seine Familie / seine Kinder vergöttern
4. die Geiseln in dem kleinen mährischen Dorf
5. die Nachbarin die Kinder zur Schule
6. von der Vergangenheit des Mannes wissen
7. fünfzehn Jahre Zuchthaus
8. um Wahrheit, um Gerechtigkeit oder um Rache?
9. am dritten Sonntag nach dem Urteil
10. hinüber
11. Nacht / keiner sehen

Heinrich Böll

Heinrich Böll was born on December 21, 1917, in Cologne. He had just begun his studies at the university when he was drafted into the army. After six years as a soldier, he resumed his studies, but he also began to publish short stories, radio plays, and his first novel, Wo warst du, Adam?

In his prose works, Böll directed social criticism not only against war but also against the society, obsessed with materialism, that was emerging from the miraculous economic recovery of postwar Germany.

Böll's language is that of his time, and he satirizes the cliché-ridden speech of the people he addresses.

In 1972, Böll was awarded the Nobel Prize for literature. In 1974, Böll hosted Solzhenitzyn during the first days of his exile to the West.

Some of his major works are Und sagte kein einziges Wort *(1953),* Ansichten eines Clowns *(1963),* Gruppenbild mit Dame *(1971), and* Die verlorene Ehre der Katharina Blum *(1974).*

ANEKDOTE ZUR SENKUNG° DER ARBEITSMORAL°

die Senkung decrease
die Arbeitsmoral labor morale

In einem Hafen an der westlichen Küste Europas liegt ein ärmlich gekleideter° Mann in einem Fischerboot und döst. Ein schick angezogener° Tourist legt eben einen neuen Farbfilm° in seinen Fotoapparat, um das idyllische Bild zu fotografieren: blauer Himmel, grüne See mit friedlichen schneeweißen Wellenkämmen,° schwarzes Boot, rote Fischermütze.° Klick. Noch einmal: klick, und da aller guten Dinge drei sind,[1] und sicher sicher ist,[2] ein drittes Mal: klick. Das spröde,° fast feindselige° Geräusch weckt den dösenden Fischer, der sich schläfrig aufrichtet,° schläfrig nach einer Zigarettenschachtel angelt,[3] aber bevor er das Gesuchte° gefunden, hat ihm der eifrige Tourist schon eine Schachtel vor die Nase gehalten, ihm eine Zigarette

ärmlich gekleidet shabbily dressed
schick angezogen smartly dressed
der Farbfilm color film
der Wellenkamm crest of waves
die Fischermütze fisherman's cap
spröd brittle
feindselig hostile
sich schläfrig aufrichten sit up sleepily
das Gesuchte the thing he is looking for

---

[1]**da aller guten Dinge drei sind** since all good things come in threes. [2]**und (da) sicher sicher ist** and (since) it is better to be careful. [3]**schläfrig nach einer Zigarettenschachtel angelt** sleepily fishes around for a pack of cigarettes.

54 HEINRICH BÖLL

nicht gerade in den Mund gesteckt, aber in die Hand gelegt, ein viertes Klick, das des Feuerzeuges; schließt die eilfertige Höflichkeit ab.[4] Durch jenes kaum meßbare, nie nachweisbare Zuviel an flinker Höflichkeit[5] ist eine gewiße Gereiztheit° entstanden, die der Tourist—der Landessprache mächtig[6]—durch° ein Gespräch zu überbrücken versucht.

„Sie werden heute einen guten Fang° machen."
Kopfschütteln des Fischers.°
„Aber man hat mir gesagt, daß das Wetter günstig ist."
Kopfnicken des Fischers.°
„Sie werden also nicht ausfahren?"
Kopfschütteln des Fischers, steigende° Nervosität des Touristen.

Gewiß liegt ihm das Wohl des ärmlich gekleideten Menschen am Herzen,[7] nagt° an ihm die Trauer über die verpaßte Gelegenheit.°

„Oh, Sie fühlen sich nicht wohl?"

Endlich geht der Fischer von der Zeichensprache zum wahrhaft gesprochenen Wort über.[8]

„Ich fühle mich großartig", sagt er. „Ich habe mich nie besser gefühlt." Er steht auf, reckt sich, als° wollte er demonstrieren, wie athletisch er gebaut ist. „Ich fühle mich phantastisch."

Der Gesichtsausdruck° des Touristen wird immer unglücklicher, er kann die Frage nicht unterdrücken, die ihm sozusagen das Herz zu sprengen droht:[9] „Aber warum fahren Sie dann nicht aus?"

Die Antwort kommt prompt und knapp. „Weil ich heute morgen schon ausgefahren bin."

„War der Fang gut?"

„Er war so gut, daß ich nicht noch einmal auszufahren brauche, ich habe vier Hummer° in meinen

---

[4]**schließt die eilfertige Höflichkeit ab** concludes his overly eager politeness. [5]**Durch jenes kaum meßbare, nie nachweisbare Zuviel an flinker Höflichkeit** through this excess of brisk politeness, which is hardly measurable. [6]**der Landessprache mächtig** being conversant with the native tongue. [7]**liegt ihm das Wohl des ärmlich gekleideten Menschen am Herzen** he is concerned with the welfare of the shabbily dressed man. [8]**geht der Fischer von der Zeichensprache zum wahrhaft gesprochenen Wort über** the fisherman changes the sign language to the truly spoken word. [9]**die ihm sozusagen das Herz zu sprengen droht** which, so to speak, threatens to burst right out of him.

ANEKDOTE ZUR SENKUNG DER ARBEITSMORAL

Körben° gehabt, fast zwei Dutzend Makrelen° gefangen ..."

Der Fischer, endlich erwacht,° taut jetzt auf° und klopft dem Touristen beruhigend° auf die Schultern. Dessen besorgter Gesichtsausdruck erscheint ihm als ein Ausdruck zwar unangebrachter, doch rührender Kümmernis.[10]

„Ich habe sogar für morgen und übermorgen genug", sagt er, um des Fremden Seele° zu erleichtern.

„Rauchen Sie eine von meinen?"

„Ja, danke."

Zigaretten werden in Münder gesteckt,[11] ein fünftes Klick, der Fremde setzt sich kopfschüttelnd auf den Bootsrand,° legt die Kamera aus der Hand,° denn er braucht jetzt beide Hände, um seiner Rede Nachdruck zu verleihen.[12]

„Ich will mich ja nicht in Ihre persönlichen Angelegenheiten mischen,"° sagt er, „aber stellen Sie sich mal vor, Sie führen heute ein zweites, ein drittes, vielleicht sogar ein viertes Mal aus,° und Sie würden drei, vier, fünf, vielleicht gar zehn Dutzend Makrelen fangen. ... stellen Sie sich das mal vor."

Der Fischer nickt.

„Sie würden", fährt der Tourist fort, „nicht nur heute, sondern morgen, übermorgen, ja, an jedem günstigen Tag zwei-, dreimal, vielleicht viermal ausfahren —wissen Sie, was geschehen würde?"

Der Fischer schüttelt den Kopf.

„Sie würden sich in spätestens° einem Jahr einen Motor kaufen können, in zwei Jahren ein zweites Boot, in drei oder vier Jahren könnten Sie vielleicht einen kleinen Kutter haben, mit zwei Booten oder dem Kutter würden Sie natürlich viel mehr fangen—eines Tages würden Sie zwei Kutter haben, Sie würden ...", die Begeisterung verschlägt ihm für ein paar Augenblicke die Stimme,[13] „Sie würden ein Kühlhaus° bauen,

---

der Korb basket
die Makrele mackerel
endlich erwacht finally awake
auftauen warms up
beruhigend reassuringly

des Fremden Seele the stranger's mind

der Bootsrand edge of the boat
aus der Hand down

sich mischen in pry into
ausfahren put out to sea

spätestens at the latest

das Kühlhaus refrigeration plant

---

[10]**Dessen besorgter Gesichtsausdruck erscheint ihm als ein Ausdruck zwar unangebrachter, doch rührender Kümmernis** his concerned expression seems to him (the fisherman) like an expression of certainly inappropriate yet touching grief. [11]**Zigaretten werden in Münder gesteckt** they put cigarettes into their mouths. [12]**um seiner Rede Nachdruck zu verleihen** to lend emphasis to his speech. [13]**die Begeisterung verschlägt ihm für ein paar Augenblicke die Stimme** his voice fails him for a few moments because of his enthusiasm.

56 HEINRICH BÖLL

vielleicht eine Räucherei,° später eine Marinadenfabrik,° mit einem eigenen Hubschrauber° rundfliegen, die Fischschwärme ausmachen° und Ihren Kuttern per Funk° Anweisung geben. Sie könnten die Lachsrechte erwerben,° ein Fischrestaurant eröffnen, den Hummer ohne Zwischenhändler° direkt nach Paris exportieren— und dann ...", wieder verschlägt die Begeisterung dem Fremden die Sprache. Kopfschüttelnd, im tiefsten Herzen betrübt,[14] seiner Urlaubsfreude schon fast verlustig,[15] blickt er auf die friedlich hereinrollende Flut,[16] in der die ungefangenen° Fische munter° springen.

„Und dann", sagt er, aber wieder verschlägt ihm die Erregung° die Sprache. Der Fischer klopft ihm auf den Rücken, wie einem Kind, das sich verschluckt hat.° „Was dann?" fragt er leise. „Dann", sagt der Fremde mit stiller Begeisterung, „dann können Sie beruhigt° hier am Hafen sitzen, in der Sonne dösen—und auf das herrliche Meer blicken."

„Aber das tu ich ja schon jetzt", sagt der Fischer, „ich sitze beruhigt am Hafen und döse, nur Ihr Klicken hat mich dabei° gestört." Tatsächlich zog der solcherlei belehrte Tourist nachdenklich von dannen,[17] denn früher hatte er auch einmal° geglaubt, er arbeite, um eines Tages einmal° nicht mehr arbeiten zu müssen, und es blieb keine Spur von Mitleid° mit dem ärmlich gekleideten Fischer in ihm zurück, nur ein wenig Neid.°

---

die Räucherei (fish) smoking plant
die Marinadenfabrik fish cannery
der Hubschrauber helicopter
Fischschwärme schools of fish
ausmachen spot
per Funk by radio
Lachsrechte erwerben acquire fishing license for salmon
der Zwischenhändler middleman
ungefangen uncaught
munter cheerfully
die Erregung agitation
sich verschlucken choke
beruhigt calmly

dabei (here) while I did that
auch einmal also once
eines Tages einmal some day
keine Spur von Mitleid no trace of compassion
der Neid envy

I. SPRACHÜBUNGEN

A. Synonyme

Ersetzen Sie das kursivgedruckte Wort durch ein Synonym auf der nächsten Seite.

1. Ein schick *angezogener* Tourist legt einen Farbfilm in seinen Apparat.
2. Das spröde, *fast* feindselige Geräusch weckt den dösenden Fischer.
3. Ein viertes Klick *schließt* die eilfertige Höflichkeit *ab*.
4. Der Tourist will die Verlegenheit durch *ein Gespräch* überbrücken.

---

[14]**im tiefsten Herzen betrübt** saddened to the depth of his heart.   [15]**seiner Urlaubsfreude schon fast verlustig** almost deprived of the joy of his vacation.   [16]**die friedlich hereinrollende Flut** the tide rolling in peacefully.   [17]**Tatsächlich zog der solcherlei belehrte Tourist nachdenklich von dannen** indeed, after having been instructed in such a manner, the tourist moved away pensively.

5. Kopfschütteln des Fischers, *steigende* Nervosität des Touristen.
6. Er kann die Frage nicht mehr *unterdrücken*.
7. Sie könnten die Fischschwärme *ausmachen*.
8. Er *blickt* auf die friedlich hereinrollende Flut.

entdecken / die Unterhaltung / zurückhalten / gekleidet / beenden / beinahe / schauen / zunehmend

B. Redewendungen

Schreiben Sie jeden Satz um, indem Sie einen treffenderen Ausdruck unten für die kursivgedruckten Wörter wählen.

1. Da *aller guten Dinge drei sind,* klickt es ein drittes Mal.
   a. viele Dinge dreimal vorkommen
   b. drei eine Glückszahl ist
   c. aller Anfang schwer ist
2. Gewiß *liegt* ihm das Wohl des Menschen *am Herzen*.
   a. ist ... wichtig
   b. geht ... auf die Nerven
   c. fällt ... auf
3. *Sie fühlen sich* nicht *wohl*?
   a. Es tut Ihnen ... wohl
   b. Es fühlt sich ... gut an
   c. Es geht Ihnen ... gut
4. Der Fischer *taut* jetzt *auf*.
   a. wird ... warm
   b. kommt ... herauf
   c. taucht ... auf

C. Bedeutungsähnliche Wörter

1. *öffnen / eröffnen*
   a. Erklärung: *öffnen* und *eröffnen* bedeuten beide „to open" aber mit einem großen Unterschied. Während *öffnen* das gewöhnliche Aufmachen bezeichnet, heißt *eröffnen* zum ersten Mal öffnen. Man *öffnet* zum Beispiel eine Tür, aber man *eröffnet* ein neues Geschäft. *Eröffnen* kann man auch in der Bedeutung von mitteilen gebrauchen. Beide Verben sind transitiv, aber *öffnen* kann auch intransitiv sein.
   b. Beispiele aus den Texten
      i. Sie könnten die Lachsrechte erwerben und ein Fischrestaurant *eröffnen*. („Anekdote zur Senkung der Arbeitsmoral")
      ii. Als der Bandit spürte, daß der Zug langsamer fuhr, *öffnete* er die Tür und sprang hinaus. („Der Lokomotivführer hat Geburtstag")

58 HEINRICH BÖLL

   c. Alltägliche Beispiele
      i. Sie *öffnete* den Brief.
      ii. Sie *eröffnete* ein Konto.
   d. Übungssätze
      Setzen Sie das treffendste Verb ein.
      i. Der Staat _eröffnet_ eine neue Autobahnstrecke.[18]
      ii. Ich kann die Augen nicht _öffnen_ .
      iii. _Öffnen_ Sie bitte das Fenster.
      iv. Der Präsident _eröffnet_ die Sitzung.[19]
      v. Wann _öffnen_ die Geschäfte?
      vi. Vielleicht _eröffne_ ich eine Fabrik für Ölsardinen.
2. *das Mal / die Zeit / die Frist*
   a. Erklärung: *das Mal* und *die Zeit* werden oft verwechselt. Beide bedeuten im Englischen „time." *Das Mal* bezeichnet einen oder mehrere Zeitpunkte, während sich *die Zeit* gewöhnlicherweise auf einen gewissen Zeitraum oder den Ablauf[20] eines Geschehens bezieht.[21] Das Wort *Mal* begleitet oft eine Nummer (ein zweites Mal, zwei Male) und wird auch klein geschrieben: zweimal. (In der Bedeutung von einem begrenzten Zeitraum gebraucht man auch das Wort *die Frist*: Der Rektor hat dem Studenten *eine Frist* von einem Semester gegeben, sein Studium in Ordnung zu bringen.)
   b. Beispiele aus den Texten
      i. Sie führen heute ein zweites, ein drittes, vielleicht sogar ein viertes *Mal* aus. („Anekdote zur Senkung der Arbeitsmoral")
      ii. Solange der Sand rieselt, hast du *Zeit*, die Fliege zu töten. („Die Fliege")
      iii. Es war eine kurze *Frist*, denn das goldene Ding diente als Zeitmaß für Ansprachen. („Die Fliege")
   c. Alltägliche Beispiele
      i. Das sage ich zum letzten *Mal*.
      ii. Acht Semester können eine lange *Zeit* im Leben eines Studenten bedeuten.
   d. Übungssätze
      Setzen Sie das treffendste Wort ein.
      i. Ich habe den Brief viel__ _Male_ gelesen.
      ii. Ich habe kein_e_ _Zeit_ für Sie.
      iii. Sie hat ein_e_ lang_e_ _Zeit_ hier gewohnt.
      iv. Wir haben ihn nur drei _Mal_ gesehen.
      v. Ich gebe Ihnen ein_e_ _Frist_ von zehn Tagen, Ihre Rechnungen zu bezahlen.

[18] die Strecke stretch.   [19] die Sitzung meeting.   [20] der Ablauf time lapse.   [21] sich beziehen auf refer to.

ANEKDOTE ZUR SENKUNG DER ARBEITSMORAL

D. Wortfamilien

Setzen Sie ein Nomen, Verb oder Adjektiv ein, das in die Wortfamilie des kursivgedruckten Wortes gehört.

Beispiel: In einem Hafen an der *westlichen* Küste Europas liegt ein Mann in einem Fischerboot. „Im <u>Westen</u> (west) nichts Neues."

1. Er versucht, die Gereiztheit durch ein Gespräch zu über*brücken.* Die alte <u>Brücke</u> (bridge) ist beim letzten Sturm zerstört worden.
2. Sie werden heute einen guten *Fang* machen. Ich habe schon genug <u>gefangen</u> (caught).
3. Sie *fühlen* sich nicht wohl? Ich habe das <u>Gefühl</u> (feeling), daß Sie nicht mehr arbeiten wollen.
4. Sie würden ein Kühlhaus *bauen.* Gehen Sie an dem <u>Gebäude</u> (building) vorbei und biegen Sie rechts ab!
5. Er *blickt* auf die friedlich hereinrollende Flut. Von diesem Zimmer haben Sie einen schönen <u>Blick</u> (view) über die See.

II. FRAGEN UND THEMEN

A. Fragen zum Inhalt

1. Wo liegt der Mann im Boot und döst?
2. Was tut der Tourist eben?
3. Warum will der Fischer nicht mehr ausfahren?
4. Wie würde der Fischer langsam reich werden?
5. Was könnte der Fischer dann machen?
6. Wer hat bei diesem Gespräch etwas gelernt?

B. Fragen zur Diskussion

1. Inhaltliches

    Wählen Sie eine der Antworten und erklären Sie Ihre Wahl.

    a. Wie würden Sie den Fischer beschreiben?
        i. Er redet viel über seine Arbeit.
        ii. Er interessiert sich für andere.
        iii. Er ist zufrieden mit seinem Leben.

60 HEINRICH BÖLL

   b. Wie würden Sie den Touristen beschreiben?
       i. Er findet es albern,[22] sich schick anzuziehen.
      ii. Er meint, daß arbeiten und Erfolg haben das Wichtigste im Leben sind.
     iii. Er spricht mit niemandem, den er nicht gut kennt.
   c. Womit beschäftigt sich der Fischer gern?
       i. Er fährt mit seinem Boot aus, wenn er Geld braucht.
      ii. Er arbeitet in einem Restaurant.
     iii. Er fliegt mit seinem Hubschrauber, um Fischschwärme auszumachen.
   d. Womit beschäftigt sich der Tourist gern?
       i. Er fotografiert alles, was er schön findet.
      ii. Er findet es zu mühevoll, Sprachen zu lernen.
     iii. Er kauft sich Souvenire.

2. Persönliches

    Drücken Sie Ihre Meinung aus und verwenden Sie die Stichwörter unten, oder geben Sie eigene Antworten.

   a. Wie stellen Sie sich ein glückliches Leben vor?
     nur genug arbeiten, um zu leben / einen Beruf ergreifen und aktiv sein / viel Geld verdienen und nichts mehr tun / der (die) Beste im Sport sein / im Dienst der Gesellschaft arbeiten
   b. Welchen Beruf möchten Sie ausüben?
     Wissenschaftler(-in) / Musiker(-in) / Lehrer(-in) / Fremdenführer(-in) / Dolmetscher(-in)[23]
   c. Was machen Sie am liebsten während der Ferien?
     lesen / fotografieren / am Strand liegen und sich sonnen / Sport treiben / auf Partys gehen

III. NACHERZÄHLUNG

Erzählen Sie die Geschichte mit eigenen Worten nach, und versuchen Sie dabei, die folgenden Stichwörter zu benutzen.

1. der Hafen / das Fischerboot / dösen
2. der Tourist / Klick
3. „guten Fang"
4. nicken

---

[22]albern silly.   [23]der (die) Dolmetscher(in) interpreter.

5. sich phantastisch fühlen
 6. warum nicht ausfahren
 7. vier Hummer / zwei Dutzend Makrelen
 8. viermal ausfahren
 9. das Boot / der Kutter / fahren
10. das Fischrestaurant eröffnen
11. beruhigt am Hafen sitzen
12. schon / von dannen / ein wenig Neid

7
Humoristisches Intermezzo

Franz Kafka
Günther Bruno Fuchs
Gerhard Zwerenz
Herbert Eisenreich

The following short narrations present a brief and pleasant deviation from the more straightforward styles of writing encountered in the preceding chapters. With the exception of "Verlorene Liebesmüh'," the stories will seem more representative of the world of irrational dreams or of surrealistic fantasy than of the everyday life portrayed in earlier stories.

The first example is an aphorism by Franz Kafka (1883–1921), whose novels (such as Amerika, Das Schloß, *and* Der Prozeß*) and short stories (such as "Das Urteil," "Ein Hungerkünstler," and "Ein Landarzt") have brought him recognition throughout the world. "Kleine Fabel," although very short, presents a recurring theme in Kafka's works: an attempt to escape an unbearable situation, which results in an insurmountable and disastrous predicament.*

The second example is by Günther Bruno Fuchs(1928–1977), "Ein Abreißkalender sagt was" (from Neue Fibelgeschichten, *1971). Here, as elsewhere in Fuchs' works, a bizarre and playful approach is used to make a humorous and satirical comment on seemingly insignificant objects and happenings in daily life.*

The next two stories stem from the pen of Gerhard Zwerenz (born in 1925). In the first story, "In Eile," there is a vague and subtle shifting of perspectives. While reading this selection, one might ask: Does the narrator, during his fall from the top of a skyscraper, view his situation from a human perspective or from that of a bird? or is the fusion of reality and absurdity the result of a confusion of both perspectives? The second selection, "Kleine Fische," presents an hilariously absurd story in which one improbable situation follows another without any logical sequence.

In the last story, "Verlorene Liebesmüh'," which returns to the stylistic level typical of most of the stories in this anthology, Herbert Eisenreich (born in 1926) presents an ironic twist to a traditional love motif in European literature.

66 GÜNTHER BRUNO FUCHS

Franz Kafka
KLEINE FABEL

zueilen auf hasten toward
der Winkel corner
die Falle trap
die Laufrichtung direction

„Ach", sagte die Maus, „die Welt wird enger mit jedem Tag. Zuerst war sie so breit, daß ich Angst hatte, ich lief weiter und war glücklich, daß ich endlich rechts und links in der Ferne Mauern sah, aber diese langen Mauern eilen so schnell aufeinander zu,° daß ich schon im letzten Zimmer bin, und dort im Winkel° steht die Falle,° in die ich laufe."—„Du mußt nur die Laufrichtung° ändern", sagte die Katze und fraß sie.

Günther Bruno Fuchs
EIN ABREIßKALENDER° SAGT WAS°

der Abreißkalender tear-off calendar
was = etwas

daherkommen come along

der Zeigefinger index finger

das Blatt page
abreißen tear off
hängen an be attached to

die Rückseite reverse side
zum Vorlesen for reading aloud

Jeden Morgen kommt einer daher.° Einer streckt jeden Morgen seine Hand nach mir aus. Die Hand, wenn sie nach mir ausgestreckt wird, besteht aus dem Daumen und dem Zeigefinger.° Die anderen Finger sind auch an der Hand, aber sie kenne ich nicht. Ich kenne den Daumen und den Zeigefinger, mit denen einer daherkommt, eins meiner Blätter° greift und abreißt.° Ich bin dann° älter als gestern. Aber ich hänge an° meinen Blättern, und meine Blätter hängen an mir. Wir haben uns gegenseitig lieb.[1] Das könnte so bleiben, wenn nicht jeden Morgen einer daherkäme mit dem Daumen und dem Zeigefinger, um eins meiner Blätter, die ich nicht wiedersehe, abzureißen. Jetzt hat das Jahr begonnen, schon fehlen ein paar meiner Blätter. Auf jedem Blatt, auf jeder Rückseite° eines Blattes steht eine kurze Geschichte zum Vorlesen.° Auf meinem Blatt vom 14. April steht die Geschichte:

---

[1] Wir haben uns gegenseitig lieb we are mutually fond of each other.

„Regenwürmer sind nützlich. Sie lockern den Erdboden auf,° sie bauen Gänge° im Erdboden. In einem mittelgroßen Feld leben tausende von Regenwürmern. Sie arbeiten unermüdlich° und bewegen in einem Jahr viele hundert Zentner° Erde." Ich möchte einen Regenwurm besuchen. Jeden Morgen, wenn der Regenwurm seine Arbeit beginnt, werde ich älter, verliere Blatt um Blatt. Ich möchte arbeiten.

auflockern loosen up
der Gang passage
unermüdlich tirelessly
der Zentner hundred weight

Gerhard Zwerenz
IN EILE

Liebe Mama, wie ich Dir schrieb, bin ich in X. angekommen und bei einem Hausbesitzer, Herrn Markus, auf große und besondere Freundlichkeit gestoßen.°

Dem Himmel sei Dank, daß ich diesen hochherzigen Menschen traf, der mir, als ich ihm meine Lage andeutete,° sofort das Dach seines soeben fertiggestellten° Hochhauses (es hat vierundzwanzig Stockwerke) zur Verfügung stellte.[2] Hier oben bin ich mein eigener Herr, ich kann tun und lassen,° was mir gefällt, genieße die Sonne, werde von Spatzen° und Möwen° besucht, und wenn es regnet, finde ich unter einer ausgespannten° Zeltbahn° Schutz.

Du weißt, liebe Mama, daß ich deinen Worten, der Mensch müsse sich bescheiden,° immer aufmerksam gefolgt bin. Hier in der Stadt lebe ich gänzlich zurückgezogen,[3] wasche mich in der Dachrinne,° gebe wenig Geld für Nahrung° und Kleidung aus und schreibe täglich zehn Stunden.

Wenn somit meine Lebensumstände° als geordnet angesehen werden können,[4] so will ich Schwierigkeiten nicht verschweigen.°

Vor einiger Zeit kamen Männer aufs Dach und begannen ein Bassin° einzurichten. Man ließ Wasser hin-

stoßen auf meet with
andeuten indicate
fertiggestellt finished
tun und lassen do
der Spatz sparrow
die Möwe seagull
ausgespannt spread out
die Zeltbahn tent section
sich bescheiden resign oneself
die Dachrinne eaves
die Nahrung food
Lebensumstände (pl.) way of life
verschweigen conceal
das Bassin swimming pool

---

[2]mir ... zur Verfügung stellte   placed at my disposal.   [3]lebe ich gänzlich zurückgezogen   I live the life of a recluse.   [4]angesehen werden können   can be regarded.

ein und die Bewohner des Hauses schwimmen im Bassin oder legen sich in die Sonne.

Mir selbst macht das nichts aus, denn ich habe früh gelernt, mich zu bescheiden.

Es stimmt zwar, daß mich einige der Hausbewohner gegen den Dachrand° zu drängen suchen, doch ich habe allen Grund, anzunehmen, daß Herr Markus, der Besitzer, von diesen Scherzen° nichts weiß und sie auch nicht billigt.°

In diesem Sinne möchte ich Dich herzlich grüßen und Dir versprechen, das große Buch über die Besserung des Menschengeschlechts° zu vollenden.

Nichts konnte mich deshalb hindern, Stift und Papier mitzunehmen, als die Hausbewohner, ich fürchte, es waren besonders ungeratene° Söhne darunter, mich vom Dach stürzten. Ich bin jetzt etwas in Eile. Die Erde kommt näher.

Grüße Herrn Markus von° mir.

Dein

Gerhard Zwerenz
KLEINE FISCHE

Ich saß in der Badewanne. Plötzlich hustete es[5] im Wasserhahn° und herauspurzelten° lauter kleine Agenten. Sie waren krebsrot° gekocht, die Haut hing ihnen in Fetzen° herunter, die Augen quollen hervor,° aber sonst waren es drahtige° Klassekerle,° nicht größer als ein Daumen, dabei gut bewaffnet° und anscheinend nicht weniger gut gedrillt; jedenfalls schienen sie keineswegs überrascht, spuckten nur ein bißchen, weil ich gemeinhin viel Seife verbrauche und ihnen beim Eintauchen° ins Badewasser einige Tropfen in die Kehle° gekommen sein mochten, dann aber waren sie sogleich im Bild,[6] schwammen emsig° an alle

---

[5]**hustete es** there was coughing.   [6]**waren sie sogleich im Bild** they immediately grasped the situation.

wichtigen Stellen, brachten ihre Waffen in Anschlag⁷ und schrien drohend:

15 „Halt, Hände hoch!"

Ich ergab mich.°

Sie kletterten mir auf die Schultern, sahen ins Ohr, stocherten mir in den Nasenlöchern° herum,° untersuchten meine ein wenig schadhaften° Zähne, durch-
20 kämmten mein Haar, und während die eine Abteilung° sich oberhalb des Wasserspiegels° bemühte, tauchte die andere Abteilung unterhalb herum und war da nicht weniger genau.

Als das vorüber war, kam meine Frau ins Bad, schritt
25 triumphierend bis dicht heran und sagte:

„Na da haben sie dich ja einmal erwischt!"°

Ich wollte ihr erklären, daß ich nichts verbrochen hatte und es mich nur nach Sauberkeit verlangte.⁸ Aber bei näherem Zusehen bemerkte ich, daß ein Agent
30 meiner Frau aus dem Busenausschnitt° lugte.° Vielleicht hätte ich im flüchtigen Hinsehen sein Köpfchen für eine Brosche° gehalten, doch die Augen leuchteten° mich scharf an.

Auf dem Kopf trug der Agent eine Zipfelmütze° mit
35 drei Sternen. Er war der Kommandeur der Gruppe.

Ich schwieg also. Wahrscheinlich saß der Kommandeur schon lange an diesem Platz, zumindest hatte er meine Frau die ganze Nacht hindurch vernommen.°

Zerknirscht° trocknete ich mich ab, aber im Hand-
40 tuch krochen auch ein paar Agenten herum.°

Die Sache wurde noch schlimmer.

Beim Rasieren geriet° mir einer mit den Beinen in den elektrischen Apparat. Sie nahmen gleich ein Protokoll auf⁹ wegen Anschlag° auf die Agentengewalt.°
45 Ich versuchte herauszubekommen, für wen sie arbeiten, und fluchte auf russisch. Sie kümmerten sich nicht drum.°

Ich erzählte französische Witze. Sie blieben kalt.

Ich legte den Boccaccio¹⁰ unters Kopfkissen, sie
50 durchstöberten° die Seiten, lasen den Text, zuckten°

---

sich ergeben surrender
das Nasenloch nostril
herumstochern poke around
schadhaft decayed
die Abteilung detachment
der Wasserspiegel surface of the water
erwischen catch
der Busenausschnitt cleavage
lugen peep, peer
die Brosche brooch
anleuchten glare at
die Zipfelmütze nightcap
vernehmen interrogate
zerknirscht filled with remorse
herumkriechen creep around
geraten (in) get into
der Anschlag assault
die Agentengewalt domain of the agents
sich darum kümmern concern oneself about that
durchstöbern rummage through
zucken shrug

---

⁷brachten ihre Waffen in Anschlag readied their weapons.
⁸es mich nur nach Sauberkeit verlangte I only desired cleanliness. ⁹Sie nahmen gleich ein Protokoll auf they took down a report right away. ¹⁰Boccaccio the *Decameron* by Giovanni Boccaccio (1313–1375), which depicts Italian Renaissance life.

gelangweilt° die Schultern und zogen sich unters Bett zurück.°

„Gehn wir schlafen!" sagte ihr Anführer, derjenige, der meiner Frau im Busenausschnitt gehockt hatte.° Und löschte das Licht.

Am Morgen stand ich früh auf, holte in der Drogerie Rattengift° und tat so, als° wolle ich ein Bad nehmen. Meine Agenten versammelten sich vollzählig° in der Wanne. Ich aber sprang schnell heraus und schüttete° das Rattengift ins Wasser. Es gab ein großes Hin und Her,° doch sie starben diszipliniert.

Ich zog den Stöpsel° heraus und spülte ihre Leichen° fort.

Zugleich erfaßte mich eine heftige Abneigung° gegen meine Frau. Sie kroch tagelang in der Wohnung herum, sah in alle Winkel und war untröstlich,° weil der Agentenführer fehlte. Zum Ersatz steckte sie sich eine Rose in den Ausschnitt. Die Stacheln° peinigten ihr Fleisch, die Büstenhalter° fleckten sich° rot.

In meiner Verzweiflung holte ich meine Spargroschen° von der Bank, erstand° dafür ein Pferd und ritt vierzehn Tage lang fort in südliche Richtung.

Da kam ich an einen großen Wald, stieg ab, band mein Pferd an einen Baum, drang zehn Meter ins Gebüsch ein° und verrichtete das erstemal wieder glücklich und zufrieden meine Notdurft° in der Gewißheit,° unbeobachtet zu sein.

Als ich zurückkam, hörte ich gerade noch, wie das Pferd die letzten Worte eines Berichts durchgab,° der anscheinend exakt meine soeben absolvierten° Handlungen wiedergab. Ich trat aus dem Wald hervor und sagte barsch:°

„Du solltest dich was schämen."

Ohne mit der Wimper zu zucken,[11] hing das Pferd den Hörer° an die nächste Astgabel° und hielt mir den gesattelten Rücken hin.° Auf dieser Welt ist kein Geheimnis mehr möglich, dachte ich still bei mir, saß auf° und galoppierte in die Stadt zurück. Ich verkaufte das Pferd, mietete mir ein kleines Zimmer und erstand, weil ich mich nun einmal an Tiere gewöhnt hatte,° drei nette kleine Goldfische.

---

[11]Ohne mit der Wimper zu zucken   without blinking an eye.

Sie schwimmen still im Aquarium herum, ich seh' ihnen zu, tippe° mit dem Finger ans Glas und sage: „Ja, ihr seid mir die liebsten."

tippen tap

95 Gestern früh freilich fand ich einen von ihnen in meiner Manteltasche, der zweite beroch° meine Schuhe, der dritte saß am Schreibtisch und las die Manuskripte durch.

beriechen sniff

Jetzt weiß ich noch nicht, was ich tun werde.
100 Vielleicht eröffne ich eine Fabrik für Ölsardinen.

Herbert Eisenreich
VERLORENE LIEBESMÜH'[12]

Die junge Malerin° hatte ihn nicht gebeten, nur halt so[13] gesagt, daß sie nun gern einmal ausstellen° würde; doch er, natürlich, denn sie gefiel ihm und er war allein, grad,° er also hatte sofort sich erbötig gemacht,[14] ihr
5 etwas zu arrangieren: „Vielleicht im Kulturamt,° vielleicht in der Akademie, vielleicht in der Secession,[15] oder sonst in einer privaten Galerie, ich kenn' auch in diesem Metier° so viele Leute, da wird sich schon jemand finden."° Er war für sie im Kulturamt gewesen,
10 für sie in der Akademie, für sie in der Secession, für sie bei diesem und jenem Galeriebesitzer,° bis endlich einer es machen wollte, freilich nur gegen Ersatz[16] der halben Unkosten° für Kataloge, Plakate und Einladungen. Sie freute sich, als sie das hörte, und meinte, man
15 könne die Subvention° von der Kultur-Stiftung der Industrie[17] oder von der Kunst-Sektion° des Ministeriums° bekommen, nur kenne sie niemanden dort, und er ging für sie zu dem Sekretär der Stiftung° und zu dem Ministerialrat° der Kunst-Sektion, und nachdem er et-

die Malerin painter
ausstellen exhibit
grad = gerade at the moment
das Kulturamt ministry of culture
das Metier business
sich finden turn up
der Galeriebesitzer gallery owner
Unkosten (pl.) charges
die Subvention subsidy
die Kunst-Sektion art section
das Ministerium government
die Stiftung endowment
der Ministerialrat senior official (in government department)

---

[12]**Verlorene Liebesmüh'** Love's Labor's Lost.   [13]**nur halt so** just kind of.   [14]**hatte sofort sich erbötig gemacht** offered his services right away.   [15]**Secession** Avant-garde branch of an established society of tradition-minded artists. Here **Secession** refers to the Viennese variation of the so-called European **Jugendstil**.   [16]**gegen Ersatz** (gen.) in exchange (for).
[17]**Kultur-Stiftung der Industrie** industrial endowment for culture.

liche° Male da vorgesprochen,° dort telephoniert hatte, kriegte er wirklich das Geld, das der Galeriebesitzer haben wollte. Rund° dreißig Bilder sollten es sein, und er wählte mit ihr die Bilder aus° und machte ihr Komplimente dabei, und er half ihr, die Bilder in Passepartouts zu fassen[18] oder zu rahmen,° und sie entwarfen° gemeinsam den Katalog, für den er ein Vorwort verfaßte,° und das Plakat und die Einladungskarten, und immerzu machte er ihr den Hof,[19] und sie war riesig° nett zu ihm und unendlich dankbar und sonst aber nichts, es gab ja entsetzlich° viel Arbeit, und zwischendurch° wollte sie noch ein Ölgemälde° fertigstellen,° dran malte sie untertags,° während er den Druck° der Kataloge, Plakate und Einladungen überwachte,° und abends dann saßen sie über der Liste all derer,° die sie einladen wollte, er tippte ihr die Adressen und sagte ihr noch eine Menge° Namen von Leuten, die unbedingt kommen sollten, und einige Tage verbrachten° sie in der Galerie, um die Bilder zu hängen und zu beschriften,° und dann wurden Weine und Cocktails bereit gestellt,° und dann war sie da, die Stunde der Vernissage.[20] Nun gab's ein vielfaches° Händeküssen und Händeschütteln° und zahlose schöne Worte, und meistens hielt er sich, wie ein Leibwächter,° dicht° bei ihr und freute sich über jedes Lob,° das er, wenn man's ihr sagte, zu hören bekam: er empfand° die Ausstellung ja als sein eigenes Werk. Und dann, als die Menschen sich in dem Saal° vor die Bilder zerstreut hatten,° küßte er ihre Hand, er küßte sie ziemlich lange, zu lang fast vor so vielen Leuten, und als er, endlich, den Kopf hob,° stand der ihm flüchtig bekannte Kritiker[21] des „Express" vor ihm und gab ihm die Hand und sagte: „Das war aber riesig nett von Ihnen, daß Sie meiner lieben Freundin so sehr geholfen haben. Ich selber hätte das niemals machen können, es hätte ja jeder gedacht, ich tue das nur aus—na: nur aus persönlichen Gründen.° Verstehn Sie?" Er murmelte° etwas wie: „Ja. Ja ja. Ich verstehe das völlig." Denn er ver-

---

[18]**in Passepartouts zu fassen** mount. [19]**machte er ihr den Hof** payed court to her. [20]**Vernissage** varnishing day, opening day of an art exhibition. [21]**der ihm flüchtig bekannte Kritiker** the critic whom he knew slightly.

stand es natürlich noch nicht. Sie, indessen,° hängte sich bei dem Kritiker ein,²² lehnte sich° an seine Schulter,
60 blickte mit riesengroßen runden blauen Kulleraugen° unter einem rotblond gefärbten° Wuschelkopf° zu ihm auf und sagte, mit feuchten° Lippen: „Ja wirklich, Liebling, das war schon riesig nett von ihm, wir müssen ihm wirklich dankbar sein. Weiß Gott, was die Leute
65 geredet hätten! Und ich bin sicher: er versteht das." Jetzt, freilich, verstand er's. Ein bißchen spät halt,²³ für einen Mann von bald° vierzig Jahren.

indessen in the meantime
sich lehnen lean
das Kullerauge innocent eye
gefärbt bleached
der Wuschelkopf mop of hair
feucht moist

bald almost

I. SPRACHÜBUNGEN

A. Synonyme

Ersetzen Sie das kursivgedruckte Wort durch ein Synonym unten.

1. Dort im *Winkel* steht die Falle.
2. Es hat vierundzwanzig *Stockwerke*.
3. Hier in der Stadt lebe ich gänzlich *zurückgezogen*.
4. Ich gebe wenig Geld für *Nahrung* aus.
5. Sie begannen ein *Bassin* einzurichten.
6. Sie schwammen *emsig* an alle wichtigen Stellen.
7. Die eine *Abteilung* bemühte sich oberhalb des Wasserspiegels.
8. Sie schritt triumphierend bis *dicht* an mich heran.
9. Er *löschte* das Licht.
10. Ich holte meine Spargroschen von der Bank und *erstand* dafür ein Pferd.
11. Er sagte ihr noch *eine Menge* Namen.
12. Er *verfaßte* das Vorwort für den Katalog.
13. Ja. Ja. Ja. Ich verstehe das *völlig*.
14. Sie *blickte* mit riesengroßen runden Kulleraugen unter einem rotblond gefärbten Wuschelkopf zu ihm *auf*.

isoliert / viele / die Etage / die Ecke / fleißig / das Schwimmbad / aufsehen / nahe / ausmachen / kaufen / ganz / die Gruppe / schreiben / das Essen

---

²²**hängte sich bei dem Kritiker ein** took the critic's arm. ²³**Ein bißchen spät halt** just a little late.

B. Bedeutungsähnliche Wörter

1. *ändern / verändern / wechseln*
   a. Erklärung: alle drei Verben bedeuten im Englischen „to change" mit folgenden Unterschieden. *Ändern* bedeutet einfach anders machen. *Wechseln* bezieht sich auf zwei Sachen, von denen das eine an die Stelle des anderen tritt: Der Student hat seine Meinung geändert und will die Universität wechseln. *Verändern* gebraucht man, wenn ein Gegenstand oder eine Person anders aussieht als bisher (gewöhnlicherweise nach längerer Zeit). *Ändern* und *verändern* kann man auch reflexiv benutzen.
   b. Beispiele aus den Texten
      i. „Du mußt nur die Laufrichtung *ändern*." („Kleine Fabel")
      ii. Sie warteten, ohne ein Wort zu *wechseln*. („Stenogramm")
      iii. Nur auf den Stationen *wechselte* er den Ort des Dienstes. („Der Lokomotivführer hat Geburtstag")
      iv. Einen Atemzug lang, das un*veränderte* Eigenheim vor Augen, zögerte er. („Die Geschichte von Isidor")
   c. Alltägliche Beispiele
      i. Er hat seine Pläne *geändert*.
      ii. Im Leben *wechseln* Glück und Unglück oft.
      iii. Nach zehn Jahren hat sich seine Frau wenig *verändert*.
   d. Übungssätze.
      Setzen Sie das treffendste Verb ein.
      i. Den Befehl kann er nicht _____ .
      ii. Die Kinos _____ jeden Mittwoch das Programm.
      iii. Die Kinder haben _____ gar nicht _____ .
      iv. Das Wetter _____ oft.
      v. Können Sie mir 10 DM _____ ?
      vi. Er will sein Studium _____ .

2. *erwischen / fangen / auffangen*
   a. Erklärung: *erwischen*, *fangen* und *auffangen* können durch „to catch" übersetzt werden. *Erwischen* bezieht sich darauf, daß man einen gerade noch zu fassen bekommt oder bei heimlichem[24] Tun überrascht. *Fangen* bedeutet, daß man Kontrolle über jemanden oder etwas gewinnt, oder daß man etwas mit der Hand oder mit dem Maul ergreift. *Auffangen* gebraucht man, wenn man etwas oder jemanden im Fallen faßt, damit es nicht fällt.
   b. Beispiele aus den Texten
      i. „Na da haben sie dich ja einmal *erwischt!*" („Kleine Fische")

---

[24]heimlich   secret.

ii. „Sie würden drei, vier, fünf, vielleicht gar zehn Dutzend Makrelen *fangen.*" („Anekdote zur Senkung der Arbeitsmoral")
iii. „Da—*fang auf.* Ich habe Geburtstag." („Der Lokomotivführer hat Geburtstag")

c. Alltägliche Beispiele
   i. Ich habe ihn *erwischt,* als er gerade durchs Fenster klettern wollte.
   ii. Sie hat den Ball *gefangen.*
   iii. Er *fing* das Buch *auf,* das ich ihm zuwarf.

d. Übungssätze
   Setzen Sie das treffendste Verb ein.
   i. Er hat den Koffer _____ , als dieser aus dem Gepäcknetz fiel.
   ii. Der Hund hat den Stock mit dem Maul _____ .
   iii. Wir haben den Zug gerade noch _____ können.
   iv. Die Polizei hat den Dieb am Bahnhof _____ .
   v. Unsere Katze hat heute drei Mäuse _____ .
   vi. Die ältere Frau stürzte die Treppe herunter, und im letzten Augenblick hat er sie _____ .

C. Wortfamilien

Setzen Sie ein Nomen, Verb oder Adjektiv ein, das in die Wortfamilie des kursivgedruckten Wortes gehört.

Beispiel: Die Welt wird enger mit jedem *Tag.*
Er läuft <u>täglich</u> (daily) zehn Kilometer, um dünner zu werden.

1. Ich war glücklich, daß ich in der *Ferne* Mauern sah.
   Der Dieb ent_____ (removed) vorsichtig alle Fingerabdrücke.
2. Du mußt nur die Laufrichtung *ändern.*
   Sie liebte keine _____ (changes) in ihrem Leben.
3. Sie arbeiten *unermüdlich.*
   Wenn du zu _____ (tired) bist, kannst du morgen weitermachen.
4. Plötzlich *hustete* es im Wasserhahn.
   Mit diesem _____ (cough) sollten Sie zu Hause bleiben.
5. Jedenfalls schienen sie keineswegs *überrascht.*
   Lieber Onkel Siegismund! Welche _____ (surprise), dich hier zu sehen!
6. Ich *schwieg* also.
   Schließlich unterbrach er das lange _____ (silence).

7. Sie *freute sich*, als sie das hörte.
   Es ist mir eine _____ (joy), Sie kennenzulernen.
8. Und sie war riesig nett zu ihm und unendlich *dankbar*, sonst aber nichts.
   Ich kann Ihnen nicht genug für Ihren Rat _____ (thank).
9. Das war aber riesig nett von Ihnen, daß Sie meiner lieben Freundin so sehr *geholfen* haben.
   Ohne Ihre _____ (help) hätte ich das niemals machen können.

II. FRAGEN UND THEMEN

A. Fragen zum Inhalt

„Kleine Fabel"
1. Warum hatte die Maus Angst?
2. Wie versuchte die Maus, sich von ihrer Angst zu befreien?[25]
3. Wie hätte die Maus ihr Leben retten können?

„Ein Abreißkalender sagt was"
1. Wie sieht der Abreißkalender die ausgestreckte Hand?
2. Warum hat er seine Blätter lieb?
3. Was steht auf der Rückseite jedes Blattes?
4. Was steht auf der Rückseite des Blattes vom 14. April?

„In Eile"
1. Wann schreibt der Erzähler den Brief an die Mutter?
2. Wie ist sein tägliches Leben auf dem Dach?
3. Was soll der Erzähler nie vergessen?
4. Worüber schreibt er täglich?
5. Was hat sein Leben auf dem Dach geändert?
6. Wie endet er?

„Kleine Fische"
1. Wie sehen die Agenten aus?
2. Wie weiß man, daß die Agenten nicht zum ersten Mal da sind?
3. Beschreiben Sie den Agentenführer.
4. Wie versucht der Erzähler herauszubekommen, für wen sie arbeiten?
5. Wie wird er die Agenten endlich los?

---

[25]sich befreien von   free oneself from.

6. Wie entdeckt er, daß kein Geheimnis mehr möglich ist?
7. Was tun die Fische, die er erstanden hat?

„Verlorene Liebesmüh' "
1. Was machten die Malerin und der Mann gemeinsam?
2. Was tat er, nachdem sich die Menschen vor die Bilder zerstreut hatten?
3. Was verstand der vierzigjährige Mann ein bißchen spät?

B. Fragen zur Diskussion

„Kleine Fabel"
1. Welches Lebensproblem versucht Kafka an „Kleine Fabel" darzustellen?

„Ein Abreißkalender sagt was"
1. Wie sieht der Abreißkalender das Leben?
2. Wie möchte er selber leben?

„In Eile"
1. Ist der Erzähler Mensch oder Vogel? Erklären Sie Ihre Gründe.
2. Worin besteht der Humor dieser Geschichte?

„Kleine Fische"
1. Was hatte die Frau des Erzählers mit dem Agenten zu tun?
2. Warum sollte der Erzähler eine Abneigung gegen seine Frau empfinden?
3. Inwieweit ist der Mensch Herrscher dieser Welt? die Tiere?

„Verlorene Liebesmüh' "
1. Warum ist der Mann für die Malerin in dem Kulturamt, der Akademie und der Galerie gewesen?
2. Warum war die Malerin immer nur riesig nett zu ihm?
3. Beschreiben Sie das Verhältnis des Mannes und der Malerin zueinander.

III. NACHERZÄHLUNG

Erzählen Sie entweder „Kleine Fische" oder „Verlorene Liebesmüh' " mit eigenen Worten nach.

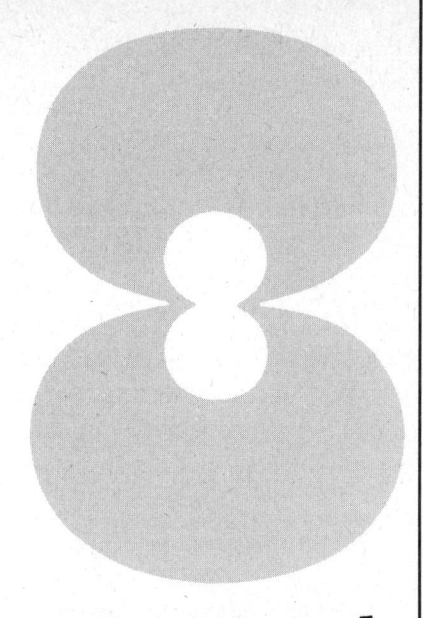

Max Frisch

Max Frisch was born in Zurich in 1911. He studied German language and literature at Zurich University but dropped out in his seventh semester. After traveling through the Balkans and Greece, he studied architecture and received his diploma in 1941. For ten years, he pursued two careers: architecture and writing. He traveled widely, and, in 1950–1951, he visited America. He now lives in Zurich and Rome. His most important works are Stiller *(1954),* Homo Faber *(1957),* Mein Name sei Gantenbein *(1964), and* Montauk *(1975). He has also written diaries and plays.*

The following story, "Isidor," is taken from the novel Stiller *and portrays the protagonist's struggle to accept his own individuality.*

DIE GESCHICHTE
VON ISIDOR

Ich werde ihr[1] die kleine Geschichte von Isidor erzählen. Eine wahre Geschichte! Isidor war Apotheker,° ein gewissenhafter° Mensch also, der dabei nicht übel verdiente,[2] Vater von etlichen° Kindern und
5 Mann im besten Mannesalter,[3] und es braucht nicht betont° zu werden, daß Isidor ein getreuer° Ehemann war. Trotzdem vertrug° er es nicht, immer befragt zu werden, wo er gewesen wäre. Darüber konnte er rasend werden, innerlich rasend, äußerlich ließ er sich
10 nichts anmerken.[4] Es lohnte° keinen Streit, denn im Grunde,° wie gesagt, war es eine glückliche Ehe. Eines schönen Sommers unternahmen sie, wie es damals gerade Mode° war, eine Reise nach Mallorca,[5] und ab-

der Apotheker pharmacist
gewissenhaft conscientious
etlich several
betont emphasized
getreu faithful
vertragen endure

lohnen be worth
im Grunde basically

die Mode fashion

---

[1]**ihr** the woman believed to be the narrator's wife who is expected to visit him. [2]**der dabei nicht übel verdiente** who didn't do badly at it (the job). [3]**im besten Mannesalter** in the prime of his life. [4]**äußerlich ließ er sich nichts anmerken** outwardly, he didn't reveal anything. [5]**Mallorca** an island in the Balearics, east of Spain.

gesehen von° ihrer steten° Fragerei,° die ihn im Stillen
ärgerte, ging alles in bester Ordnung. Isidor konnte
ausgesprochen° zärtlich sein, sobald er Ferien hatte.
Das schöne Avignon⁶ entzückte° sie beide; sie gingen
Arm in Arm. Isidor und seine Frau, die man sich als eine
sehr liebenswerte Frau vorzustellen hat, waren genau
neun Jahre verheiratet, als sie in Marseille ankamen.
Das Mittelmeer⁷ leuchtete wie auf einem Plakat.° Zum
stillen Ärger seiner Gattin, die bereits auf dem Mallorca-Dampfer stand, hatte Isidor noch im letzten Augenblick eine Zeitung kaufen müssen. Ein wenig, mag sein,
tat er es aus purem Trotz gegen ihre Fragerei, wohin
er denn ginge. Weiß Gott, er hatte es nicht gewußt; er
war einfach, da ihr Dampfer noch nicht fuhr, nach
Männerart° ein wenig geschlendert.° Aus purem Trotz,
wie gesagt, vertiefte er sich° in eine französische Zeitung, und während seine Gattin tatsächlich nach dem
malerischen Mallorca reiste, fand sich Isidor, als er endlich von einem dröhnenden° Tuten° erschreckt aus
seiner Zeitung aufblickte, nicht an der Seite seiner Gattin, sondern auf einem ziemlich dreckigen Frachter,°
der, übervoll beladen mit lauter° Männern in gelber
Uniform, ebenfalls unter Dampf° stand.⁸ Und eben
wurden die großen Taue° gelöst. Isidor sah nur noch,
wie die Mole° sich entfernte. Ob es die hundsföttische°
Hitze oder der Kinnhaken° eines französischen Sergeanten gewesen, was ihm kurz darauf das Bewußtsein° nahm, kann ich nicht sagen; hingegen wage ich
mit Bestimmtheit zu behaupten, daß Isidor, der Apotheker, in der Fremdenlegion⁹ ein härteres Leben
hatte als zuvor. An Flucht war nicht zu denken.¹⁰ Das
gelbe Fort, wo Isidor zum Mann erzogen wurde,¹¹
stand einsam in der Wüste, deren Sonnenuntergänge er
zu schätzen lernte. Gewiß dachte er zuweilen an seine
Gattin, wenn er nicht einfach zu müde war, und hätte
ihr wohl auch geschrieben; doch schreiben war nicht
gestattet.° Frankreich kämpfte noch immer gegen den

---

⁶**Avignon** a city in the south of France.　⁷**das Mittelmeer** Mediterranean Sea.　⁸Although not explicitly stated, Isidor had been shanghaied.　⁹**Fremdenlegion** French Foreign Legion. ¹⁰**An Flucht war nicht zu denken** escape was out of the question.　¹¹**wo Isidor zum Mann erzogen wurde** where Isidor was made into a man.

Verlust seiner Kolonien, so daß Isidor bald genug in der Welt herumkam, wie er sich nie hätte träumen lassen.¹² Er vergaß seine Apotheke, versteht sich,° wie andere ihre kriminelle Vergangenheit. Mit der Zeit verlor Isidor sogar das Heimweh nach dem Land, das seine Heimat zu sein den schriftlichen Anspruch stellte,¹³ und es war—viele Jahre später—eine pure Anständigkeit von Isidor, als er eines schönen Morgens durch das Gartentor trat, bärtig,° hager,° wie er nun war, den Tropenhelm° unter dem Arm, damit die Nachbarn seines Eigenheims,° die den Apotheker längstens° zu den Toten rechneten,¹⁴ nicht in Aufregung gerieten° über seine immerhin ungewohnte Tracht;¹⁵ selbstverständlich trug er auch einen Gürtel mit Revolver. Es war Sonntagmorgen, Geburtstag seiner Gattin, die er, wie schon erwähnt,° liebte, auch wenn er in all den Jahren nie eine Karte geschrieben hatte. Einen Atemzug° lang, das unveränderte Eigenheim vor Augen, die Hand noch an dem Gartentor, das ungeschmiert° war und girrte° wie je, zögerte er. Fünf Kinder, alle nicht ohne Ähnlichkeit mit ihm, aber alle um° sieben Jahre gewachsen, so daß ihre Erscheinung ihn befremdete,° schrien schon von weitem: Der Papi! es gab kein Zurück. Und Isidor schritt weiter als Mann, der er in harten Kämpfen geworden war, und in der Hoffnung, daß seine liebe Gattin, sofern sie zu Hause war, ihn nicht zur Rede stellen° würde. Er schlenderte den Rasen hinauf, als käme er wie gewöhnlich aus seiner Apotheke, nicht aber aus Afrika und Indochina. Die Gattin saß sprachlos unter einem neuen Sonnenschirm. Auch den köstlichen° Morgenrock,° den sie trug, hatte Isidor noch nie gesehen. Ein Dienstmädchen, ebenfalls eine Neuheit,° holte sogleich eine weitere Tasse für den bärtigen Herrn, den sie ohne Zweifel, aber auch ohne Mißbilligung° als den neuen Hausfreund¹⁶ betrachtete. Kühl sei es hierzulande,° meinte Isidor, indem er sich

versteht sich (lit. is understood) of course

bärtig bearded
hager lean
der Tropenhelm pith helmet (sun helmet)
das Eigenheim privately owned home
längstens long since
in Aufregung geraten get upset
erwähnen mention
der Atemzug breath

ungeschmiert not greased
girren squeak
um by
befremden seem strange

zur Rede stellen question

köstlich exquisite
der Morgenrock robe
die Neuheit novelty
die Mißbilligung disapproval
hierzulande around here

---

¹²**wie er sich nie hätte träumen lassen** as he would never have imagined. ¹³**das seine Heimat zu sein den schriftlichen Anspruch stellte** which had a legitimate claim on being his home. ¹⁴**zu den Toten rechneten** counted among the dead. ¹⁵**über seine immerhin ungewohnte Tracht** about his costume which was, after all, unfamiliar. ¹⁶**der Hausfreund** friend of the "house," actually of the lady of the house.

die gekrempelten° Hemdsärmel wieder heruntermachte. Die Kinder waren selig,° mit dem Tropenhelm spielen zu dürfen, was natürlich nicht ohne Zank° ging, und als der frische Kaffee kam, war es eine vollendete Idylle, Sonntagmorgen mit Glockenläuten° und Geburtstagstorte. Was wollte Isidor mehr! Ohne jede Rücksicht auf das neue Dienstmädchen, das gerade noch ein Besteck° hinlegte, griff Isidor nach seiner Gattin. „Isidor!" sagte sie und war außerstande,° den Kaffee einzugießen,° so daß der bärtige Gast es selber machen mußte. „Was denn!" fragte er zärtlich, indem er auch ihre Tasse füllte. „Isidor!" sagte sie und war dem Weinen nahe. Er umarmte° sie. „Isidor!" fragte sie, „wo bist du nur so lange gewesen?" Der Mann, einen Augenblick lang wie betäubt, setzte seine Tasse nieder; er war es einfach nicht mehr gewohnt, verheiratet zu sein, und stellte sich vor den Rosenstock,° die Hände in den Hosentaschen. „Warum hast du nie auch nur eine Karte geschrieben?" fragte sie. Darauf nahm er den verdutzten° Kindern wortlos den Tropenhelm weg, setzte ihn mit dem knappen Schwung der Routine[17] auf seinen eigenen Kopf, was den Kindern einen für die Dauer ihres Lebens unauslöschlichen Eindruck[18] hinterlassen° haben soll, Papi mit Tropenhelm und Revolvertasche, alles nicht bloß echt, sondern sichtlich° vom Gebrauch etwas abgenutzt,° und als die Gattin sagte: „Weißt du, Isidor, das hättest du wirklich nicht tun dürfen!" war es für Isidor genug der trauten° Heimkehr, er zog (wieder mit dem knappen Schwung der Routine, denke ich) den Revolver aus dem Gurt, gab drei Schüsse mitten in die weiche, bisher noch unberührte und mit Zuckerschaum° verzierte° Torte, was, wie man sich wohl vorstellen kann, eine erhebliche Schweinerei° verursachte. „Also Isidor!" schrie die Gattin, denn ihr Morgenrock war über und über von Schlagrahm° verspritzt, ja, und wären nicht die unschuldigen Kinder als Augenzeugen gewesen, hätte sie jenen ganzen Besuch, der übrigens kaum zehn Minuten gedauert haben dürfte, für eine Halluzination

---

[17]mit dem knappen Schwung der Routine with the brisk motion of routine.   [18]einen für die Dauer ihres Lebens unauslöschlichen Eindruck a lifelong indelible impression.

gehalten. Von ihren fünf Kindern umringt, einer Niobe[19] ähnlich, sah sie nur noch, wie Isidor, der Unverantwortliche,° mit gelassenen Schritten durch das Gartentor ging, den unmöglichen Tropenhelm auf dem Kopf. Nach jenem Schock konnte die arme Frau nie eine Torte sehen, ohne an Isidor denken zu müssen, ein Zustand, der sie erbarmungswürdig machte, und unter vier Augen,° insgesamt etwa unter sechsunddreißig Augen[20] riet man ihr zur Scheidung.[21] Noch aber hoffte die tapfere Frau. Die Schuldfrage war ja wohl klar. Noch aber hoffte sie auf seine Reue,° lebte ganz den° fünf Kindern, die von Isidor stammten, und wies den jungen Rechtsanwalt, der sie nicht ohne persönliche Teilnahme° besuchte und zur Scheidung drängte, ein weiteres Jahr lang ab,° einer Penelope[22] ähnlich. Und in der Tat, wieder war's° ihr Geburtstag, kam Isidor nach einem Jahr zurück, setzte sich nach üblicher Begrüßung, krempelte die Hemdsärmel herunter° und gestattete den Kindern abermals, mit seinem Tropenhelm zu spielen, doch dieses Mal dauerte ihr Vergnügen, einen Papi zu haben, keine drei Minuten. „Isidor!" sagte die Gattin, „wo bist du denn jetzt wieder gewesen?" Er erhob sich, ohne zu schießen, Gott sei Dank, auch ohne den unschuldigen Kindern den Tropenhelm zu entreißen, nein, Isidor erhob sich nur, krempelte die Hemdsärmel wieder herauf und ging durchs° Gartentor, um nie wiederzukommen. Die Scheidungsklage° unterzeichnete die arme Gattin nicht ohne Tränen, aber es mußte ja wohl sein, zumal sich Isidor innerhalb° der gesetzlichen Frist nicht gemeldet hatte, seine Apotheke wurde verkauft, die zweite Ehe in schlichter° Zurückhaltung° gelebt und nach Ablauf der gesetzlichen Frist auch durch das Standesamt° genehmigt,° kurzum, alles nahm den Lauf der Ordnung, was ja zumal für die heranwachsenden° Kinder so wichtig war. Eine Antwort, wo Papi sich mit dem Rest seines Erdenlebens herumtrieb, kam nie. Nicht einmal eine

der Unverantwortliche irresponsible (man)

unter vier Augen (lit. under four eyes) in private

die Reue remorse
den for the

die Teilnahme interest
abweisen turn down
's = es
herunterkrempeln roll down

durchs = durch das
die Scheidungsklage divorce suit
innerhalb within
schlicht simple
die Zurückhaltung modesty
das Standesamt city registry
genehmigen approve
heranwachsend growing up

---

[19]**Niobe** figure in classical Greek mythology symbolic of the grieving mother.   [20]**insgesamt etwa unter sechsunddreißig Augen** (lit. under thirty-six eyes) many people concerned.
[21]**riet man ihr zur Scheidung** advised her to get a divorce.
[22]**Penelope** Odysseus' wife, who waited faithfully for her husband's return from the Trojan War.

Ansichtskarte. Mami wollte ja auch nicht, daß die Kinder danach fragten; sie hatte ja Papi selber nie danach fragen dürfen ... 165

I. SPRACHÜBUNGEN

A. Synonyme

Ersetzen Sie das kursivgedruckte Wort durch ein Synonym unten.

1. Ich werde ihr die kleine *Geschichte* von Isidor erzählen.
2. Isidor konnte zärtlich sein, sobald er *Ferien* hatte.
3. Das Mittelmeer *leuchtete* wie auf einem Plakat.
4. Seine *Gattin* reiste nach dem malerischen Mallorca.
5. Der Frachter war beladen mit *lauter* Männern in gelber Uniform.
6. Schreiben war nicht *gestattet*.
7. Ein Dienstmädchen *betrachtete* den bärtigen Herrn *als* den neuen Hausfreund.
8. Die Scheidungsklage *unterzeichnete* die arme Gattin nicht ohne Tränen.

die Erzählung / erlauben / unterschreiben / glänzen / der Urlaub / die Frau / nichts als / halten für

B. Redewendungen

Schreiben Sie jeden Satz um, indem Sie einen treffenderen Ausdruck unten für die kursivgedruckten Wörter wählen.

1. Äußerlich ließ er *sich nichts anmerken*.
   a. es keinen sehen
   b. alles unverändert
   c. sich nicht gehen
2. *An* Flucht war nicht *zu denken*.
   a. Die ... war ... zu verhindern
   b. Über ... wurde ... gesprochen
   c. Eine ... kam ... in Frage
3. Er kam in der Welt herum, wie er *sich* nie hätte *träumen lassen*.
   a. sich ... wünschen können
   b. es ... erzählen können
   c. es sich ... leisten können

DIE GESCHICHTE VON ISIDOR

C. Bedeutungsähnliche Wörter

1. *betrachten (als) | halten für*
    a. Erklärung: beide Verben bedeuten im Englischen „to consider." Mit *als* bedeutet *betrachten* auch „regard as" und deutet eine bestimmte Überzeugung an, während *halten für* eine etwas subjektivere Meinung kennzeichnet. Ohne *als* bedeutet *betrachten* ungefähr, etwas von einem gewissen Standpunkt ansehen (man *betrachtet* ein Gesicht, ein Gemälde, ein Gedicht und so weiter).
    b. Beispiele aus den Texten
        i. Sie *betrachtete* ihn ohne Zweifel *als* den neuen Hausfreund. („Die Geschichte von Isidor")
        ii. Alle, an denen er vorüberschoß, *hielten* ihn *für* den schnellsten Kurier des Sultans. („Die Fliege")
    c. Alltägliche Beispiele
        i. Ich *halte* das Mädchen *für* sehr intelligent.
        ii. Sie können sich *als* frei *betrachten*.
        iii. Wir *betrachten* die Verhandlung *als* abgeschlossen.[23]
    d. Übungssätze
        Setzen Sie das treffendste Verb ein.
        i. Sie _____ ihn _____ verrückt.
        ii. Diese Katastrophe muß man _____ Zufall _____ .
        iii. Ich _____ den Preis _____ zu hoch.

2. *weich | leise*
    a. Erklärung: beide Wörter bedeuten „soft" und können entweder als Adjektiv oder Adverb benutzt werden. *Weich* beschreibt gewöhnlich einen Gegenstand (Haar, Seide, Bett und so weiter) und ist das Gegenteil von hart. *Leise* bedeutet nicht laut (Stimme, Geräusch, Musik und so weiter).
    b. Beispiele aus den Texten
        i. Er gab drei Schüsse mitten in die *weiche,* bisher noch unberührte und mit Zuckerschaum verzierte Torte. („Die Geschichte von Isidor")
        ii. Die ganze Wahrheit, fragte sie *leise?* („Kinder sind immer Erben")
    c. Alltägliche Beispiele
        i. Er ißt gerne *weich* gekochte Eier.
        ii. Sie hat zu *leise* gesungen.

---

[23]**abgeschlossen** completed.

d. Übungssätze

Setzen Sie das treffendste Adjektiv oder Adverb ein.
  i. Er fiel _____ , erhob sich und wanderte landeinwärts.
  ii. Er spielte _____ Musik.
  iii. Er sprach _____ .
  iv. Ich esse gern ein _____ Ei.

D. *Wortfamilien*

Setzen Sie ein Nomen, Verb oder Adjektiv ein, das in die Wortfamilie des kursivgedruckten Wortes gehört.

Beispiel: Isidor war ein *getreuer* Ehemann.
Dies ist die Geschichte von der Treue (faithfulness) eines Hundes.

1. Abgesehen von ihrer steten *Fragerei* ging alles in bester Ordnung.
Wir wollen ihn _____ (ask), ob er es schon weiß.
2. Eben wurden die großen Taue *gelöst*.
Endlich haben wir eine _____ (solution) für das Problem gefunden.
3. Zum stillen *Ärger* seiner Gattin hatte Isidor noch eine Zeitung kaufen müssen.
Warum _____ (be angry) du _____ darüber? Es ist nicht wichtig.
4. Aus purem Trotz *vertiefte* er sich in eine Zeitung.
Mit diesen Geräten kann man die _____ (depth) des Ozeans messen.
5. Und Isidor *schritt* als Mann, der er geworden war.
Von der Küche zum Eßzimmer sind es nur ein paar _____ (steps).

II. FRAGEN UND THEMEN

A. *Fragen zum Inhalt*

1. Was konnte Isidor nicht vertragen?
2. Was für eine Reise unternahmen Isidor und seine Frau eines Sommers?
3. Wo fand sich Isidor, als er endlich aus seiner Zeitung aufblickte?
4. Warum hat Isidor seiner Frau nicht geschrieben?
5. Wie sah er aus, als er eines Morgens durch das Gartentor trat?
6. Welche Frage stellte die Frau an Isidor?
7. Wann kam Isidor wieder?
8. Wie verläßt Isidor diesmal seine Gattin?

B. Fragen zur Diskussion

1. Warum war Isidors Ehe nicht ganz glücklich?
2. Warum hatte Isidor im letzten Moment in Mallorca eine Zeitung gekauft?
3. Worauf hatte Isidor gehofft, als er nach Hause zurückkehrte?
4. Warum schoß er dreimal in die mit Zuckerschaum verzierte Torte?
5. Warum war Isidors Frau anfangs gegen eine Scheidung?

III. NACHERZÄHLUNG

Erzählung Sie die Geschichte mit eigenen Worten nach.

Kurt Kusenberg

Born in Göteborg, Sweden in 1904, Kusenberg spent his youth in Lisbon and Munich, where he studied art history. He became an art critic for the Weltkunst *and the* Vossische Zeitung *and gained a considerable reputation as a journalist. In recent years, Kusenberg has been living in Hamburg as a free-lance writer and editor of a monograph series published by Rowohlt.*

In his prose works, Kusenberg combines surreal humor and irony to create a world that is absurd and grotesque, as well as simply funny.

Some of his major works are La Botella *(1940),* Der blaue Traum *(1942),* Die Sonnenblumen *(1951),* Zwischen oben und unten *(1954), and* Gespräche ins Blaue *(1969).*

DIE FLIEGE

Nicht jeder Raum eignet sich zum° Nachdenken, und wenn man hundert Räume besitzt, muß man herausfinden, welcher von ihnen die Gedanken am meisten fördert.° Sooft der Sultan von Tubodin[1] über etwas nachsinnen° wollte, begab er sich in° die Grüne Kammer, legte sich auf ein Sofa und schloß die Augen; fast immer kam er zu guten Einsichten.[2] Allerdings mußte es in der Kammer ganz, ganz still sein—vor allem° durfte dort nie eine Fliege summen, denn dieses Geräusch war dem Sultan verhaßt.°

Der Sklave Maurus hatte dafür zu sorgen,° daß in die Grüne Kammer keine Fliege drang.° Ein bequemes Amt, wird Mancher[3] sagen, ein Faulenzerposten,° wie er nur im Morgenland vergeben wird. Doch damit tut man dem Sklaven Maurus Unrecht.[4] Zum einen° hatte

sich eignen zu be suitable for

Gedanken fördern be beneficial to thinking
nachsinnen über meditate
sich begeben in go, proceed to
vor allem above all
verhaßt (dat.) detestable (to)
sorgen dafür see to it
dringen in get into
der Faulenzerposten lazy man's job
zum einen on the one hand

---

[1]Tubodin fictitious place name.   [2]fast immer kam er zu guten Einsichten he almost always arrived at sound conclusions.   [3]Mancher many a person (capitalization is Kusenberg's).   [4]tut man dem Sklaven Maurus Unrecht one does the slave Maurus an injustice.

93

er sich das Amt ja nicht erwählt, sondern es war ihm, der in seiner Heimat als ein kundiger° Baumeister galt,° vom Schicksal auferlegt worden,⁵ und er litt unter° der Erniedrigung.° Zum andern° ist es gar nicht so leicht, im Orient Fliegen aus dem Zimmer zu halten.

An dem Tage, von dem hier berichtet wird, ruhte der Sultan in der Grünen Kammer auf dem Sofa und sann vor sich hin.° Maurus, der mit seiner Fliegenpatsche° bei der Tür stand, war unruhig. Er wußte es nicht geradezu, aber er ahnte, er argwöhnte,° daß irgendwo eine Fliege sitze, und konnte nur hoffen, daß sie sich nicht zeige. Doch da hörte, da sah er sie schon. In taumeligen° Kurven flog sie einher und summte wie eine Hornisse.°

Der Sultan schlug die Augen auf. „So liederlich,"° sprach er, „versiehst° du dein Amt! Wie soll ich nachdenken, wenn das Zimmer voller Fliegen ist?"

„Verzeiht, Herr,"° antwortete Maurus. „Es ist nur eine einzige Fliege, und ich werde sie sofort erlegen."°

Der Sultan blickte nach einem Tisch aus Jaspis,° auf dem vielerlei Kostbarkeiten° standen. „Wende die goldene Sanduhr um. Solange der Sand rieselt,° hast du Zeit, die Fliege zu töten. Gelingt es dir nicht,⁶ stirbst du."

Es war eine kurze Frist,° denn das goldene Ding diente als Zeitmaß für die Ansprachen,° die der Sultan an seine Minister richtete; in sechs Minuten lief der Sand durchs Glas. Mit zitternder Hand kehrte Maurus die Sanduhr um und begann eine Jagd, die keinen guten Ausgang° versprach. In der Grünen Kammer standen auf sieben langen Tischen unzählige Kunstgegenstände,° an den Wänden hingen Ampeln,° Waffen und geschnitzte Figuren: lauter° Verstecke° für die Fliege, sichere Verstecke, weil Maurus nichts beschädigen° durfte.

Die Fliege stieß ans° Fenster, zweimal, dreimal, und Maurus schlich hinzu.° Als sie erneut gegen die Scheibe fuhr, schlug er nach ihr; doch er verfehlte sie. Mit

---

⁵**sondern es war ihm ... vom Schicksal auferlegt worden** but it had been inflicted on him ... by fate.   ⁶**Gelingt es dir nicht** if you don't succeed.

empörtem Gesumm stürzte und wirbelte die Fliege umher,° sie führte sich auf° wie eine Besessene.° Obwohl ein winziges Wesen nur und des Denkens nicht fähig, spürte° sie genau, daß man ihr ans Leben wollte.[7]
60 Zudem° war es die Stunde, in der alle Fliegen der Welt, auch wenn sie sich nicht bedroht fühlen, unsinnige° Tänze aufführen°—die Stunde vor Sonnenuntergang.

Die Fliege in der Luft zu treffen, schien unmöglich.
65 Blitzschnell schoß sie dahin° und änderte in einem fort[8] die Richtung. Maurus behielt sie im Auge,[9] er betete im stillen, sie möge° sich endlich niedersetzen. Es kam ihm jetzt nicht mehr darauf an,[10] ob er mit seiner Patsche etwas beschädigte: wenn er nur das leidige° Insekt
70 dabei° erschlug.° Da setzte sich die Fliege nieder, und es war, als vermöge sie doch zu denken, denn nunmehr befand sie sich jenseits° aller Gefahr. Sie saß auf der rechten Schulter des Sultans. Maurus blickte auf die Sanduhr und sah, daß sie zur Hälfte° abgelaufen war.
75 Was sollte er bloß tun? Es ging nicht an,[11] den Sultan von Tubodin mit der Fliegenpatsche zu treffen, und wer es dennoch unternahm, mußte mit einem qualvollen° Tode rechnen. Da war der flinke Säbel des Henkers noch das kleinere Übel.°
80 Der Sultan lag mit geschlossenen Augen auf dem Sofa, er tat, als sinne oder träume er vor sich hin;[12] er weidete sich jedoch an° der Verzweiflung° des Sklaven. Er horchte auf° dessen° Schritte und suchte zu erraten,° wie es um die Fliegenjagd stand.[13] Als er Maurus
85 nicht mehr gehen, die Fliege nicht mehr summen hörte, wurde er unmutig.° Am Ende gelang es dem Tölpel,° sich im allerletzten Augenblick zu retten! Der Sultan konnte nicht wissen, daß die Fliege auf seiner eigenen Schulter saß, daß sie seinen hohen Stand°
90 genoß.

Maurus stand reglos,° er hatte keine Hoffnung mehr. Ohne hinzuschauen, sah er, wie die Sanduhr drüben

umherwirbeln whirl around
sich aufführen carry on
die Besessene fanatic
spüren sense
zudem moreover
unsinnig crazy
aufführen perform

dahinschießen dart away (whiz along)

möge (subj.) would

leidig nasty
dabei in doing so
erschlagen kill
jenseits beyond

zur Hälfte halfway

qualvoll very painful
das kleinere Übel the lesser evil

sich weiden an delight in
die Verzweiflung despair
horchen auf listen to
dessen the latter's
erraten guess
unmutig upset
der Tölpel blockhead
der Stand position

reglos motionless

---

[7]daß man ihr ans Leben wollte that someone wanted to take its life.   [8]in einem fort continuously.   [9]behielt sie im Auge kept it in view.   [10]Es kam ihm jetzt nicht mehr darauf an it was no longer a matter of.   [11]Es ging nicht an it wouldn't do.   [12]er tat, als sinne oder träume er vor sich hin as if he were meditating or dreaming.   [13]wie es um die Fliegenjagd stand how the fly hunt was going.

ihm eilig das Urteil ausfertigte.¹⁴ Vor seinen Augen wuchsen Häuser empor,° Rathäuser und Handelshöfe° und Getreidespeicher,° eine ganze Stadt, die er hätte bauen wollen und die nun ungebaut blieben, einer Fliege wegen. Indem er dies dachte, hob die Fliege sich von des Sultans rechter Schulter und kreiste in der Luft. Gleich darauf fuhr sie nieder, dicht an Maurus vorbei.¹⁵ Sie streifte die Fliegenpatsche, flog das Sofa an, lief darüber hin,° stieg erneut auf° und setzte sich schließlich auf des Sultans rechtes Knie. Dort verhielt° sie. Ein wilder Zorn befiel° Maurus. „Wenn ich ohnedies° sterben muß", dachte er, „soll auch der Sultan sterben. Er ist nicht allzu kräftig, es wird leicht sein, ihn zu erwürgen,° und hinterher werde ich mich aufhängen." Aber schon kam ihm ein neuer Gedanke: „Meine Tat wird sicherlich nicht gleich entdeckt. Ich fliehe—vielleicht habe ich Glück, nach so viel Unglück." Er trat leise auf den Sultan zu° und streckte seine Hände aus. Sie zitterten nicht wie vorhin, als er die Sanduhr umgewendet hatte, sie waren ganz ruhig. Jetzt kam es darauf an,° den Hals des Sultans rasch und fest zu umklammern,° damit ihm kein Schrei mehr entfahre.° In diesem Augenblick verließ die Fliege ihren Sitz, zog° einen Halbkreis und ließ sich auf der Stirn des Sultans nieder. Der Sultan schlug nach ihr, die Fliege fiel auf das Sofa herab.

Im Zuschlagen° öffnete der Sultan die Augen. Er sah die Hände des Sklaven dicht bei seinem Hals und erkannte, was Jener mit ihm vorhatte.° „Du willst mich töten?" fragte er.

Maurus nickte, „Ich wollte es, Herr, weil ich um einer Fliege willen° sterben sollte." Als dem Sultan aufging,° wie nahe ihm der Tod gewesen, erschrak er. Sein Herz pochte,° er wurde bleich. Einer Fliege wegen, sann er und konnte es gar nicht fassen,° einer kleinen Fliege wegen wäre ich ums Haar ermordet worden.¹⁶

Er brauchte ein Weilchen, bis er seine Stimme wiederfand. Dann sprach er: „Daß du mich töten wolltest, lassen wir beiseite.° Fest steht,¹⁷ daß nicht klar ent-

---

¹⁴**ihm eilig das Urteil ausfertigte** was hastily readying his sentence. ¹⁵**dicht an Maurus vorbei** close past Maurus. ¹⁶**wäre ich ums Haar ermordet worden** I came within a hair's breadth of being murdered. ¹⁷**Fest steht** it is certain.

schieden worden ist, ob du dein Leben *verwirkt°* hast oder nicht, denn als ich die Fliege erschlug, war die Frist noch nicht abgelaufen. Oder irre ich
135 mich?"

„Ich weiß es nicht, Herr", erwiderte Maurus. „Ich habe *zuletzt°* den Anblick der Sanduhr *gemieden.*"°

„Wir wollen", fuhr der Sultan fort, „den Fall zu Ende bringen. Du wendest jetzt noch einmal die Sanduhr;
140 dann rennst du, so schnell du kannst und so weit du kommst, *um°* dein Leben. Sobald die Zeit *um°* ist, schicke ich meine *Aufseher°* und Jäger mit den Hunden *hinter dir her.°* *Faßt°* man dich, gehörst du dem Henker."

145 Maurus tat, wie ihm befohlen war. Er kehrte die Sanduhr um, stürzte aus der Grünen Kammer, rannte die Treppen hinab, durcheilte die Höfe, die Tore und erreichte *im Nu°* die engen Gassen der Stadt. Alle, an denen er *vorüberschoß,°* hielten ihn für den schnellsten
150 Kurier des Sultans. In der Grünen Kammer lief die Sanduhr aus. Der Sultan griff nach seiner Glocke, um die Aufseher *herbeizuläuten,°* da sah er, was er nicht glauben mochte. Die Fliege auf dem Sofa, die er tot gewähnt,[18] hatte sich erholt, sie kroch *umher.°* Als sie
155 sich gar in die Luft *schwang*[19] und *auf ihn zuflog,°* duckte er sich *wie°* unter einer Gefahr. „Ein Zeichen!" dachte er furchtsam. „Eine Warnung! Ich soll nicht *läuten.*"° So kam es, daß die Jagd auf den Sklaven Maurus *unterblieb,°* daß er bald darauf seine Heimat
160 erreichte und wieder ein Baumeister wurde.

verwirken forfeit

zuletzt toward the end
meiden avoid

um (here) for
um (here) up
der Aufseher overseer
hinter dir herschicken send after you
fassen catch

im Nu in an instant
vorüberschießen shoot by

herbeiläuten summon by ringing
umherkriechen crawl around
zufliegen auf fly toward
wie as if
läuten ring
unterbleiben not take place

I. SPRACHÜBUNGEN

A. Synonyme

Ersetzen Sie das kursivgedruckte Wort durch ein Synonym auf der nächsten Seite.

1. Der Sultan wollte über etwas *nachsinnen.*
2. An dem Tage, von dem hier *berichtet* wird, ruhte der Sultan auf dem Sofa.

---

[18]*wähnen* presume (gewähnt = gewähnt hatte). [19]*Als sie sich gar in die Luft schwang* when it even soared into the air.

3. Der Sultan *schlug* die Augen *auf.*
4. Mit zitternder Hand *kehrte* Maurus die Sanduhr *um.*
5. Die Fliege *führte sich* wie eine Besessene *auf.*
6. Der Sultan *horchte* auf dessen Schritte.
7. Die Fliege *ließ sich* auf der Stirn des Sultans *nieder.*
8. Er konnte es gar nicht *fassen,* daß er einer kleinen Fliege wegen ums Haar ermordet worden wäre.

begreifen / nachdenken / erzählen / öffnen / hören / sich niedersetzen / sich benehmen / umwenden

B. Redewendungen

Schreiben Sie jeden Satz um, indem Sie einen treffenderen Ausdruck unten für die kursivgedruckten Wörter wählen.

1. Die Fliege änderte *in einem fort* die Richtung.
   a. einmal
   b. immerzu
   c. plötzlich
2. Es *ging nicht an*, den Sultan mit der Fliegenpatsche zu treffen.
   a. war nicht erlaubt
   b. war nicht freundlich
   c. war nicht kosmetisch
3. Der Sultan erkannte, was Jener *mit ihm vorhatte.*
   a. sich vorstellte
   b. für ihn plante
   c. bei ihm vorspielte
4. Einer kleinen Fliege wegen wäre ich *ums Haar* ermordet worden.
   a. völlig
   b. beinahe
   c. gerade

C. Bedeutungsähnliche Wörter

1. *stürzen / fallen*
   a. Erklärung: der Hauptunterschied zwischen beiden Verben besteht darin, daß *stürzen* heftig fallen bedeutet. Bei beiden Verben wird meist die Richtung angegeben; *stürzen* übersetzt man oft als „to plunge."
   b. Beispiele aus den Texten
      i. Mit empörtem Gesumm *stürzte* und wirbelte die Fliege umher. („Die Fliege")
      ii. Er *fiel* weich, erhob sich und wanderte landeinwärts. („Der Lokomotivführer hat Geburtstag")

c. Alltägliche Beispiele
   i. Das Kind ist aus dem Bett *gefallen*.
   ii. Er *stürzte* zu Boden und konnte sich nicht erheben.
d. Übungssätze
   Setzen Sie das treffendste Verb ein.
   i. Gestern ist er von seinem Motorrad _____ .
   ii. Der Junge ist aus dem Baum _____ .
   iii. Ich bin beim Laufen _____ .

2. *schnell / eilig / rasch*
   a. Erklärung: *schnell* ist das allgemeine Wort für eine Tätigkeit in einem relativ hohen Tempo. *Rasch* bedeutet auch schnell, weist aber mehr auf heftige Energie hin. *Eilig* betont, daß man nur wenig Zeit für das Erreichen einer Absicht hat. *Eilig* kann man auch mit haben im Sinne von „to be in a hurry" benutzen.
   b. Beispiele aus den Texten
      i. Ohne hinzuschauen, sah er, wie die Sanduhr drüben ihm *eilig* das Urteil ausfertigte. („Die Fliege")
      ii. Jetzt kam es darauf an, den Hals des Sultans *rasch* und fest zu umklammern. („Die Fliege")
      iii. Dann rennst du, so *schnell* du kannst und so weit du kommst, um dein Leben. („Die Fliege")
   c. Alltägliche Beispiele
      i. Er lief *schnell* um die Ecke.
      ii. Er kam *rasch* mit der Arbeit voran.
      iii. Er mußte *eilig* sein Büro erreichen.
   d. Übungssätze
      Setzen Sie das treffendste Adjektiv ein.
      i. Er sollte _____ antworten.
      ii. Er rannte _____ die Treppe hinauf, um seiner Frau vor der Abfahrt des Zuges die Handtasche zu bringen.
      iii. Der Engländer entstieg _____ dem Wasser.
      iv. Er hat es _____ .

D. Wortfamilien

Setzen Sie ein Nomen, Verb oder Adjektiv ein, das in die Wortfamilie des kursivgedruckten Wortes gehört.

Beispiel: Der Sklave hatte dafür zu *sorgen*, daß in die Grüne Kammer keine Fliege drang.
Mach dir keine <u>Sorgen</u> (worry), ich bringe dir das Buch sofort zurück.

1. An dem Tage, von dem hier *berichtet* wird, ruhte der Sultan in der Grünen Kammer.

Der Reporter fuhr zur Szene des Unfalls und schrieb dann seinen _____ (report).
2. Nunmehr befand er sich jenseits aller *Gefahr*.
   In der Gegend ist es _____ (dangerous), nachts allein auf die Straße zu gehen.
3. Er tat, als sinne oder *träume* er vor sich hin.
   Heute nacht ist er mir wieder im _____ (dream) begegnet.
4. Er ist nicht allzu *kräftig*.
   Der Kranke hatte nicht die _____ (strength), sich aufzurichten.
5. Die Fliege auf dem Sofa hatte sich *erholt*.
   Als das Semester zu Ende war, fuhren sie alle zur _____ (rest) in die Berge.

II. FRAGEN UND THEMEN

A. Fragen zum Inhalt

1. Wohin begab sich der Sultan von Tubodin, wenn er über etwas nachsinnen wollte?
2. Welches Geräusch war dem Sultan in der Kammer verhaßt?
3. Wofür hatte der Sklave Maurus zu sorgen?
4. Was kann Maurus erwarten, wenn es ihm nicht gelingt, die Fliege zu töten?
5. Was machte der Sultan, während Maurus die Fliege umherjagte?
6. Was beschließt Maurus endlich?
7. Wohin fliegt die Fliege, während Maurus leise auf den Sultan zutritt?
8. Wie kann jetzt Maurus sein Leben retten?
9. Warum läutet der Sultan nicht?

B. Fragen zur Diskussion

1. Warum mußte Maurus seinen Beruf als Baumeister aufgeben?
2. Warum versprach die Fliegenjagd keinen guten Ausgang?
3. Glauben Sie, daß der Versuch, den Sultan zu erwürgen, gerechtfertigt ist?
4. Kommt der Sultan zu menschlichen Einsichten am Ende der Geschichte, oder ist seine Entscheidung, die Aufseher nicht hinauszuschicken, nur irrational?

III. NACHERZÄHLUNG

Erzählen Sie die Geschichte mit eigenen Worten nach.

10

Thomas Valentin

Born in Weilburg in 1922, Valentin studied history, literature, philosophy, and psychology in Gießen and Munich. He became a teacher and started to write poetry and short stories, then novels and dramas. When his novel Die Unberatenen *appeared in 1962, critics and the public denounced him as a dreamer, because he foretold the rebellion of students against their teachers and the educational system. This, in fact, soon became reality.*

Valentin frequently depicts characters who are at a critical phase in their lives. In the following story, taken from the volume Jugend einer Studienrätin, *an aging wife smothers her husband with solicitude. Though older than she, he is still vigorous and longs for her recognition of his manliness.*

EIN HEROS

Die Engländerin saß auf einem Klappschemel° vor uns und las. Sie saß so dicht am° Meer, daß die Wellen, die sich hart vor° der Küste brachen und auf dem Strand ausliefen, sie in fast regelmäßigen Intervallen mit
5 Gischt° übersprühten.° Sandalen und Strümpfe hatte sie ausgezogen und ihr Nylonkleid bis zu den Knien hochgerafft.°

Ich sah an° den breiten Rändern,° daß es Gedichte waren, was sie las, und als sie das Buch, mit dem
10 Deckel° nach oben,° auf den Sand legte, um sich eine Zigarette anzustecken, sah ich, daß es die Gedichte Lord Byrons waren.

Ihr Mann stand jetzt schon bis an die Hüften im Meer. Sicher war er zehn Jahre älter als sie, siebzig
15 vielleicht, bestimmt aber fünfundsechzig. Er war einer jener klassischen Kolonial-Engländer die unter der grauen Haarbürste,° dem glatten, roten Whiskylächeln und einem drahtigen° Schnauz° die besten Jahre ihrer Jugend, ein Stück Eton,[1] konserviert° haben.

---

[1] **Eton**   the most exclusive prep school in England.

104 THOMAS VALENTIN

Die Küste von Naupolis² hing mit einer rötlichen Kante,° scharf und schwebend,° über dem Meer. Die Segelflügel° der Windmühlen drehten sich langsam vor der bronzenen Sonne.

„James!" sagte die Engländerin in jenem Idiom, das alle, die nicht Engländer oder gar° Amerikaner sind, immer aufs neue° außer Fassung bringt,³ wie ein militantes Tam-Tam° gegen Nebel: „James, achte auf deine Nieren!"°

Der Mann entblößte° ein langes, tadelloses Gebiß° und deutete mit einer weiten Armbewegung hinaus aufs° Meer. Vor der Insel spielten Delphine.° Sie gruben schäumende Furchen,° sprangen wirbelnd an° die Luft und schlugen prustend° zurück° durch den violetten Spiegel.°

Die Engländerin griff wieder zu Byrons Gedichten. Sie rauchte und las, und jedesmal wenn sie eine Seite umblätterte,° sah sie über ihre Brille aufs Meer, wo ihr Mann jetzt bis an die Brust im Wasser stand.

„James!" sagte sie, „erkälte dich nicht!"

Der Mann winkte noch einmal hinaus zu den Delphinen, die jetzt ganz nah der Insel miteinander spielten. Dann setzte er seinen Schnorchel auf und fing an zu tauchen.

„James, deine Unterwasserbrille!" rief die Engländerin vorwurfsvoll° und rauchte weiter.

Der Mann hörte sie nicht mehr. Er tauchte und strampelte,° parallel zum Strand, vor uns auf und ab.

„Sei vorsichtig, James!" sagte die Engländerin, obwohl sie jetzt wissen mußte, daß es sinnlos war.

Wir sahen in dem sonnenklaren Wasser, wie der Mann auf dem Rücken lag und sich treiben ließ.° Dann wälzte er sich herum,° holte Atem° und schwamm, gegen die Wogen,° vom Strand weg. Er kehrte heim nach Eton.

Im nächsten Augenblick aber schon tauchte der Engländer wieder auf,° riß den Schnorchel ab und schrie.

Wir sprangen alle auf und liefen ihm über den Strand entgegen. Seine Frau stand vor uns und betrachtete kurzsichtig° das Wasser, dem der Mann wütend, rasch

---

²**Naupolis** fictional place in Greece. ³**außer Fassung bringen** disconcert.

60 und herrlich fluchend entstieg.⁴ Über sein linkes Schienbein° lief dreifingerbreit das Blut.

Die Frau setzte sich zurück auf den Klappschemel und fing an zu weinen. Der Engländer sah ihr interessiert zu.°

65 „Ein Fisch!" sagte er dann schnaubend.° „Ein Fisch!", zog das blutende Bein an° und tanzte auf dem anderen fluchend vor uns über den Sand.

Ein Grieche von der Insel klatschte entsetzt in die Hände.⁵

70 „Was für ein Satansfisch!" rief er überwältigt.° Der Engländer packte° den Spazierstock seiner Frau und begann, den Fisch in den Sand zu zeichnen.

Er fing mit dem Schwanz an, zeichnete korrekt einen messerscharfen Schwanz, dann das Torpedo des Fisch-
75 leibs⁶ und zuletzt den dreieckigen° Kopf mit dem Schaufelmaul.°

„Jesus Christus, ein Hai!" rief der Grieche und schlug ein Kreuz.⁷

Die Engländerin sprang von ihrem Klappschemel
80 hoch und starrte entgeistert° auf ihren Mann, der weiter das Blut über die Wade° fließen ließ⁸ und gottergeben° seinen Schnurrbart° strich.

„Doktor!" wandte sie sich zu mir und schlang knackend die Finger ineinander,⁹ „helfen Sie uns, Doktor—
85 ein Hai!"

„Er ist geflüchtet",° sagte der Engländer und setzte sich auf den Sand.

Ich tupfte die Wunde ab° und untersuchte sie.

„Holen Sie Ihren Wagen!" sagte ich zu der Frau.
90 „Im Hotel werde ich eine Injektion machen."

Sie drehte sich sofort um und lief den Strand hinauf.

„Fährt sie oder—?" fragte ich den Engländer skeptisch.

„Sie!"

95 Er grinste sein erstklassiges Schnauzerlächeln.

---

⁴**dem der Mann wütend, rasch und herrlich fluchend entstieg** from which the man emerged furious, cursing rapidly and magnificently.   ⁵**klatschte entsetzt in die Hände** clapped his hands, shocked.   ⁶**das Torpedo des Fischleibs** the shape (like a torpedo) of the fish.   ⁷**schlug ein Kreuz** made the sign of the cross.   ⁸**der weiter das Blut über die Wade fließen ließ** who let the blood go on running down his calf.   ⁹**schlang knackend die Finger ineinander** wrung her hands with a crack.

Ich desinfizierte die Wunde und legte ihm einen Verband° an.° Die Leute am Strand sahen uns erregt zu und schätzten, wie lange die Frau brauchen werde, um den Wagen vom Hotel an die Küste zu fahren.

„Hören Sie zu, Doktor", sagte der Engländer diskret und strahlend, „jagen° Sie mir später getrost° Ihre Ampulle° in die Vene°—Hauptsache, daß sie exorbitant groß ist! Nur Tetanus, oder was sonst man heute nimmt, das nehmen Sie um Himmels willen° nicht! Ich habe genug davon unter der Schwarte."°

„Aber—"

Der Engländer kniff mich in den Arm und sah triumphierend aufs Meer, wo immer noch die Delphine spielten.

„Es gab keinen Hai!" sagte er und kollerte° vor° Begeisterung. „Es gab keinen Hai, nur ein kleines, scharfes Biest° von Riff.°

„Warum haben Sie dann dieses verdammte Theater gespielt?"[10] fragte ich.

Er steckte seine Pfeife an, sah aufs Meer und schwieg.

Ich klemmte den Verband fest.° Über die Küstenstraße schoß jaulend° das Auto herab. Die Engländerin schaltete° erschüttert° von einem Gang° in den anderen.

„Einmal in meinem Leben wenigstens wollte ich ein Held sein—vor dieser Frau!" sagte er grinsend und feierlich.° „Verstehen Sie?"

James wartete keine Antwort ab.

„I want to be a hero to my wife, once in my life!" wiederholte er.

Der Wagen hielt dicht vor uns. Die Engländerin stieß die Tür auf° und sprang heraus.

„James!" sagte sie und kniete neben ihrem Mann in den Sand, „wie fühlst du dich, Darling?"

„Never mind!" antwortete James und verbiß° prachtvoll° seinen Schmerz.

Ich winkte den Griechen herbei,[11] und zu zweit° hoben wir den Engländer vorsichtig in den Fond.° Die Frau legte ein Plaid über seine Knie.

---

[10]Warum haben Sie dann dieses verdammte Theater gespielt so why did you put on this damned show. [11]Ich winkte den Griechen herbei I motioned the Greek to come.

EIN HEROS 107

135 Ich setzte mich neben sie und sagte: „Rasch!"
Sie trat das Gaspedal durch,¹² und der Wagen mahlte sich° durch den Sand zur Küstenstraße hinauf.   sich hinaufmahlen grind its way up
„Come on!" rief James begeistert. „Let's paint the town red tonight!"
140 „Er fiebert,° Doktor!" sagte die Engländerin weinerlich.° „Er phantasiert schon, hören Sie?"   fiebern be in a fever / weinerlich whiningly
„Am I your hero, darling?" brüllte° der Engländer und trommelte gegen den Steuersitz.°   brüllen roar / der Steuersitz driver's seat
„I am your hero!"

I. SPRACHÜBUNGEN

A. Synonyme

Ersetzen Sie das kursivgedruckte Wort durch ein Synonym unten.

1. James, *achte* auf deine Nieren!
2. Er *deutete* mit einer weiten Handbewegung hinaus aufs Meer.
3. Er holte tief Atem und schwamm gegen die *Wogen* vom Strand weg.
4. Seine Frau stand vor uns und *betrachtete* kurzsichtig das Wasser.
5. Die Leute sahen uns erregt zu und *schätzten,* wie lange die Frau brauchen werde.
6. Er steckte seine Pfeife an, sah aufs Meer und *schwieg.*
7. Der Wagen *hielt* dicht vor uns.
8. Ich setzte mich neben sie und sagte „*Rasch!*"

stillbleiben / schnell / aufpassen / ansehen / rechnen / stehenbleiben / zeigen / die Welle

B. Redewendungen

Schreiben Sie jeden Satz um, indem Sie einen treffenderen Ausdruck unten für die kursivgedruckten Wörter wählen.

1. Wir sahen, wie der Mann auf dem Rücken lag und *sich treiben ließ.*
   a. sich sinken ließ
   b. sich fortbewegen ließ
   c. sich zwingen ließ

---

¹²**Sie trat das Gaspedal durch** she pushed the accelerator to the floor.

2. Warum haben Sie *dieses* verdammte *Theater gespielt?*
   a. diesen ... Film gezeigt
   b. sich so ... aufgeregt
   c. uns so ... zum Narren gehalten
3. Ich *winkte* den Griechen *herbei.*
   a. ließ ... zu uns kommen
   b. begrüßte
   c. machte ... darauf aufmerksam

C. Bedeutungsähnliche Wörter

1. *warten (auf) / erwarten / abwarten*
   a. Erklärung: *warten (auf)* gebraucht man, wenn das Erwartete unbestimmt oder unbekannt ist, während bei *erwarten* (welches in diesen Texten nicht erscheint), das Erwartete bestimmt ist. *Abwarten* bedeutet etwa ruhig warten.
   b. Beispiele aus den Texten
      i. Er *wartete* nur *auf* eine Gelegenheit, unbehelligt den Zug zu verlassen. („Der Lokomotivführer hat Geburtstag")
      ii. James *wartete* keine Antwort *ab.* („Ein Heros")
   c. Alltägliche Beispiele
      i. Wir *warten* schon zwei Stunden *auf* den Professor.
      ii. Wir *erwarten* den Professor um drei Uhr.
      iii. Sie müssen geduldig seine Entscheidung *abwarten.*
   d. Übungssätze
      Setzen Sie das treffendste Verb ein.
      i. Sollen wir _____ , bis die Polizei kommt?
      ii. Ich _____ schon eine Stunde _____ meine Frau, die längst hätte ankommen sollen.
      iii. Wir können die Ferien kaum _____ .
      iv. Ich _____ dich um acht Uhr.
      v. Die Welt gehört denen, die _____ können.
      vi. _____ wir zuerst seine Antwort _____ , bevor wir handeln.
2. *holen / bringen*
   a. Erklärung: *holen* bedeutet, zu einer Stelle hingehen, um von dort etwas herzubringen. Bei *bringen* braucht man nicht zu einer anderen Stelle hinzugehen.
   b. Beispiele aus den Texten
      i. Ich sah an den Samstagen unsere Nachbarin ihre Kinder zur Schule *bringen.* („Kinder sind immer Erben")
      ii. „*Holen* Sie Ihren Wagen!" sagte ich zu der Frau. „Im Hotel werde ich eine Injektion machen." („Ein Heros")

c. Alltägliche Beispiele
   i. Sie *brachte* mir gestern die Bücher, um die ich gebeten hatte.
   ii. *Holen* Sie mir bitte die Bücher aus der Stadtbibliothek.
d. Übungssätze
   Setzen Sie das treffendste Verb ein.
   i. Wir müssen die Stühle aus dem Schlafzimmer _____ .
   ii. Ich _____ Ihnen morgen meine Aufgabe.
   iii. Er befahl dem Hund, den Stock zu _____ .
   iv. Wir müssen ihn an den Bahnhof _____ .

D. Wortfamilien

Setzen Sie ein Nomen, Verb oder Adjektiv ein, das in die Wortfamilie des kursivgedruckten Wortes gehört.

Beispiel: Die *Segel*flügel der Windmühlen drehten sich langsam. Bei diesem frischen Wind können wir *segeln* (sail) gehen.

1. Er deutete mit einer weiten Arm*bewegung* hinaus aufs Meer.
   Erschreckt blieben sie stehen und _____ (move) sich nicht.
2. Jedesmal, wenn sie eine Seite um*blätterte,* sah sie aufs Meer hinaus.
   Im Herbst werden die _____ (leaf) der Bäume bunt.
3. „James!" sagte sie, „*erkälte* dich nicht!"
   Sie kam mit einer schrecklichen _____ (cold) aus den Ferien zurück.
4. „Sei *vorsichtig,* James!" sagte die Engländerin.
   Mit großer _____ (caution) näherten sich die Polizisten dem Haus.
5. Er *kehrte heim* nach Eton.
   Seit einem Jahr wartet sie auf die _____ (homecoming) ihres Mannes.

II. FRAGEN UND THEMEN

A. Fragen zum Inhalt

1. Wo saß die Engländerin?
2. Was las sie?
3. Worauf sollte der Mann achten?
4. Was sah man an seinem linken Bein, als er aus dem Wasser stieg?
5. Wie reagierte die Frau?

6. Was tat James mit dem Spazierstock seiner Frau?
7. Wie hatte James seine Wunde bekommen?
8. Warum hatte er das „verdammte Theater" gespielt?

B. Fragen zur Diskussion

1. Was haben Byron's Gedichte mit Griechenland zu tun?
2. Was bedeutet der Ausdruck, „Er kehrte heim nach Eton"?
3. Was will James damit bewirken, daß er die Form eines Fisches in den Sand zeichnet, anstatt einfach „Hai" zu rufen?
4. Glauben Sie, daß James in den Augen seiner Frau wirklich ein Held war?
5. Warum wollte er in den Augen seiner Frau ein Held sein?

III. NACHERZÄHLUNG

Erzählen Sie die Geschichte mit eigenen Worten nach.

Max von der Grün

The second selection in this anthology by Max von der Grün (the first, "Kinder sind immer Erben," appears in Chapter 5) is "Stenogramm," taken from his collection of tales Stenogramm. *This story examines the reactions of individuals from various social levels to a fatal automobile accident. Without engaging in subjective moralizing, von der Grün reveals the human weaknesses of his contemporaries as they attempt to rationalize their questionable acts. Some of his other works are* Irrlicht und Feuer *(1963), which was made into a television film and translated into fourteen languages,* Notstand oder das Straßentheater kommt *(1969), and* Urlaub am Plattensee *(1970).*

STENOGRAMM°

das Stenogramm
shorthand report

Am Sonntag, dem 16. Februar 1969, fuhr auf der Bundesstraße° 13, Ansbach, Würzburg, drei Kilometer vor Ochsenfurt,¹ ein weißer VW auf vereister° Straße aus einer Nadelkurve° heraus an einen Straßenbaum.
5   Der Aufprall° war so stark, daß sich der Stamm in den Wagen hineinfraß.° Im Unglückswagen° saßen ein Arzt und seine Frau, sie waren von einem dringenden Hausbesuch gekommen, zu dem sie am frühen Morgen telefonisch gerufen worden waren.
10   Der Arzt war diesem Notruf° sofort nachgekommen,° er hatte an diesem Wochenende Notdienst.² Der Arzt hatte in einem abgelegenen° Dorf ein diphterieverdächtiges Kind³ behandelt. Das Unglück° ereignete sich genau 10.30 Uhr.
15   10.35 Uhr

die Bundesstraße
federal highway
vereist icy
die Nadelkurve
hairpin turn
der Aufprall impact
sich hineinfressen
(lit. eat into) become embedded in
der Unglückswagen
wrecked car
der Notruf
emergency call
nachkommen (lit. follow) answer
abgelegen remote
das Unglück
accident

---

¹Ansbach, Würzburg, Ochsenfurt   towns in southern Germany.
²er hatte an diesem Wochenende Notdienst   he was on call this weekend.   ³ein diphterieverdächtiges Kind   a child suspected of having diphtheria.

Ein grüner Mercedes mit drei Insassen° näherte sich mit mäßiger Geschwindigkeit aus der Kurve heraus dem Unglückswagen. Am Steuer saß ein älterer Herr, auf dem Rücksitz eine jüngere Frau, neben ihr eine ältere, ihre Schwiegermutter. Die junge schaukelte° ein etwa dreijähriges Kind auf ihrem Schoß.° Die junge Frau schrie: Ewald, du mußt anhalten. Um Gottes willen, da ist etwas passiert.

Der Mann schüttelte verärgert° den Kopf.

Quatsch, sagte er, sowas ist nichts für das Kind.

Die ältere Frau pflichtete ihm bei.° Fahr weiter, nuschelte° sie, recht hat er, recht.

Aber wir können doch nicht . . . die junge Frau sagte es hastig. Sei jetzt still, sagte ihre Schwiegermutter, und der Mann am Steuer ergänzte: Wir können in Ochsenfurt auch nicht zur Polizei gehen und den Unfall melden. Ich habe meine Papiere° vergessen. Glaubst du, ich will wegen dem VW da in einen Schlamassel° kommen?

Der Mann schaute im Vorbeifahren geradeaus, die junge Frau scheu auf den Unglückswagen, ihre Schwiegermutter zündete sich eine Zigarette an, ihre Hände zitterten.

Als sie etwa einen Kilometer weitergefahren waren, sagte die junge Frau: Wir sollten doch zur Polizei gehen.

Der Mann am Lenkrad und die ältere Frau schwiegen, nur das Kind auf dem Schoß seiner Mutter krähte:° Mami . . . tatü . . . tatü . . .[4]

10.42 Uhr

Ein schwarzer VW mit vier Insassen fuhr forsch° aus der Kurve heraus. Der Fahrer des Wagens sah den Unglückswagen, wollte bremsen, ließ dann aber den Wagen ausrollen[5] und kam etwa sechzig Meter weiter zum Stehen.

Der etwa Vierzigjährige verließ den Wagen. Der Mann schaute sich verstohlen° um, die Straße entlang. Seine Frau, die auf dem Beifahrersitz die Zeitung las, guckte erstaunt auf, fragte: Ist was?° Trink doch mor-

---

[4]**tatü** onomatopoeic imitation of the sound of the horn of a police car or emergency vehicle in Germany.   [5]**ließ dann aber den Wagen ausrollen** but then let the car decelerate.

55 gens nicht so viel Kaffee, dann mußt du auch nicht so
viel laufen. Die beiden jungen Mädchen auf dem Rück-
sitz, die Töchter der beiden, kicherten.° Eines der   kichern   giggle
Mädchen rief: Papa, unser Wasserfall.
    Dahinten ist ein VW an einen Baum gefahren, sagte
60 der Mann.
    Er wollte weggehen, die Frau rief ihn zurück.
    Was geht es dich an?[6] rief sie. Fahr weiter. Die sollen
nicht immer so rasen. Die Mädchen riefen: Wo?
Wowowo? ach . . . da . . . na, der Wagen ist futsch.°   futsch   finished, done
65   Der Mann zögerte. Die Frau beugte sich aus dem
Fenster und sagte leise: Emil, komm rein, sei nicht kin-
disch. Dann mußt du als Zeuge° bleiben, und die verlan-   der Zeuge   witness
gen dann womöglich deinen Führerschein. Was ist
dann? Willst du die letzten vier Wochen, bis du ihn
70 wiederkriegst, auffallen.° Na, also,° steig ein.   auffallen   attract attention
    Der Mann nickte, stieg langsam ein und fuhr weiter.   na also   well then
Die Mädchen auf dem Rücksitz preßten ihre Gesichter
an das Heckfenster,° bis der Unglückswagen nicht mehr   das Heckfenster   back window
zu sehen war.
75   Nun fahr doch ein bißchen schneller, zischte° die   zischen   hiss
Frau, wir sind sowieso zu spät dran.[7] Wofür hat dir mein
Vater eigentlich die Spikesreifen° gekauft? Na also.   der Spikesreifen   snow tire
    10.53
    Ein kanariengelber Fiat tastete sich° vorsichtig in die   sich tasten   feel one's way
80 Kurve, schlidderte° trotzdem, die junge Frau am Steuer   schliddern   skid
hatte Mühe, das Fahrzeug in der Gewalt° zu behalten.   in der Gewalt   under control
Sie fuhr Schritt-Tempo° aus der Kurve heraus, sie be-
merkte den Wagen am Baum, sie schloß einen Moment   das Schritt-Tempo   snail's pace
die Augen, sie schrie leise auf.
85   Ihre Mutter, die neben ihr saß, bekreuzigte sich,° flü-   sich bekreuzigen   cross oneself
sterte: Else, um Himmels willen, fahr weiter, schnell,
bevor jemand kommt. Wir wollen mit so was nichts zu
tun haben. Else, Kind, ich kann so was nicht sehen, du
weißt, Kind, mir wird bei so was gleich schlecht.[8]
90   Wir müssen das der Polizei melden, Mutter.
    Polizei? Kind, fahr weiter, wir wollen keine
Scherereien° haben, wir haben noch nie was mit der   die Schererei   trouble
Polizei zu tun gehabt. Fahr weiter, wir haben einfach
nichts gesehen, nach uns kommen auch noch welche.

---

[6]**Was geht es dich an** what is it to you?   [7]**wir sind sowieso zu spät dran** we are too late anyway.   [8]**mir wird bei so was gleich schlecht** I get immediately sick seeing such a thing.

Die Mutter bekreuzigte sich noch einmal, sie murmelte vor sich hin.°
10.58 Uhr
Aus Richtung Ochsenfurt kam ein Wagen, er war am Ortsausgang° dem kanarigelben Fiat begegnet. Der Mann fuhr an dem Unglückswagen vorbei, als ob er überhaupt nicht vorhanden sei.
Das fehlte noch,[9] dachte der Mann, daß ich jetzt angehalten werde, dann steht mein Name womöglich morgen in der Zeitung, das fehlte noch.
In der Kurve begegnete ihm ein Mercedes-Diesel.
10.59 Uhr
Am Steuer des klapprigen,° schwarzen Diesels saß ein weißhaariger Mann. Der Mann erschrak für eine Sekunde, als er den um den Baum gewickelten VW[10] sah, er fuhr dann langsam weiter, an das verunglückte Fahrzeug[11] heran, und hielt wenige Meter dahinter.
Der Mann stieg aus, er war etwa sechzig Jahre alt, sehr beleibt° und irgendwie zu kurz geraten.[12]
Der dicke Mann ging um den VW herum, sah erschreckt auf die beiden leblosen Menschen durch die zerborstene° Windschutzscheibe,° flüsterte: furchtbar ... Dann als er wie zufällig seine abgefahrenen Reifen[13] sah, stieg er wieder in seinen Wagen und fuhr weiter. Ich will doch keinen Ärger° haben, wenn die Polizei kommt, dachte er.
Das Klappern des lose hängenden Auspuffs° war noch lange zu hören.
11.08 Uhr
Ein popbemalter° Citroen 2CV schlich° in die Kurve, die vier jungen Leute, zwei Jungen, zwei Mädchen, sangen einen Schlager,° sie waren, trotz der vereisten Straße, ausgelassen,° als kämen sie von einer Party.
Der Mann am Steuer schrie: Nun seid doch mal still. Schaut mal nach vorne, da hängt einer am Baum.[14] Die Mädchen sangen weiter, und der junge Mann schrie noch lauter: Still jetzt! Verdammt noch mal, ihr blöden° Gänse, könnt ihr nicht mal still sein.

---

[9]**das fehlte noch** that's all I need.   [10]**den um den Baum gewickelten VW** the VW wrapped around the tree.   [11]**das verunglückte Fahrzeug** the vehicle that had met with an accident.   [12]**irgendwie zu kurz geraten** somehow a little on the stubby side.   [13]**seine abgefahrenen Reifen** his worn-down tires (it is against the law in Germany to drive with unsafe tires).   [14]**da hängt einer am Baum** there's someone stuck to a tree.

Er hielt an. Er und sein Begleiter stiegen aus, sie blieben einige Meter vor dem VW stehen, sie bewegten
135 ratlos° ihre Arme. Dann traten sie näher.

Mein Lieber, der muß vielleicht einen Zahn drauf gehabt haben.¹⁵ Da ist nichts mehr zu machen, die sind hops.°

Und jetzt? fragt der andere, sollen wir warten, bis die
140 Polizei kommt? Oder sollen wir in Ochsenfurt zur Polizei fahren? Mensch, bist du verrückt? Ich hab gesoffen,° ich bin noch von heute nacht voll, ich hab doch eine Fahne,° die riechen das doch, die sind doch nicht von Dummsdorf.° Wenn ich blasen° muß, dann bin
145 ich dran.¹⁶ Das kann ich mir nicht leisten.° Sie gingen zurück, stiegen ein und fuhren weiter. Eines der Mädchen fragte: Sind die tot? Nein, sagte der Mann am Steuer, und er umkrampfte° das Lenkrad so, daß die Knöchel° weiß wurden, nein, die spielen nur Karten,
150 die warten auf den dritten Mann zum Skat.¹⁷

Ach, wie spaßig,° sagte das andere Mädchen, und beide begannen, einen neuen Schlager zu singen.

11.15 Uhr

Ein roter VW, an der Antenne einen Fuchs-
155 schwanz,° fuhr äußerst gewagt° in die Kurve, forsch aus der Kurve heraus. Der Glatzköpfige,° allein im Auto, pfiff,° als er den verunglückten Wagen sah, scharf durch die Zähne.

Verdammt, murmelt er, verdammt, das hat mir
160 gerade noch gefehlt. Er gab vorsichtig Gas, trotzdem drehten die Räder durch,° der Wagen, schlidderte ein paar Sekunden, dann fing er sich° wieder auf einer trockenen Stelle der Straße. Der Glatzköpfige begann zu schwitzen, seine Handflächen° wurden feucht.

165 Hoffentlich kommt mir jetzt keiner entgegen und merkt sich meine Nummer, brummelte er vor sich hin. Verdammt, wenn mich jetzt die Polizei anhält, mit dem geklauten° Wagen . . . nicht auszudenken° . . . laßt sie liegen . . . laßt sie liegen . . . sind ja sowieso übern
170 Jordan.¹⁸

11.28 Uhr

Ein beiger BMW fährt in die Kurve, am Steuer eine

ratlos helplessly

hops finished

saufen booze
die Fahne (lit. flag) breath that reeks of alcohol
Dummsdorf Dumbsville
blasen breathe (into a breathelizer)
sich leisten afford
umkrampfen clench
der Knöchel knuckle

spaßig funny

der Fuchsschwanz foxtail
gewagt daringly
der Glatzköpfige bald-headed man
pfeifen whistle

durchdrehen spin
sich fangen take hold

die Handfläche palm

geklaut stolen
nicht auszudenken unthinkable

---

¹⁵**der muß vielleicht einen Zahn drauf gehabt haben** he really must have been pushing it.   ¹⁶**dann bin ich dran** then I'm in for it.   ¹⁷**Skat** German card game.   ¹⁸**sind ja sowieso übern Jordan** they are at the pearly gates anyway.

blonde, sehr schöne Dame. Der Mann neben ihr ist schläfrig, er gähnt° dauernd. Fahr nicht so leichtsinnig,° sagt er zu der blonden Frau. Da sieht er den verunglückten Wagen, und er sagt: Soll es uns gehen wie denen° da?

Die Frau wollte anhalten. Der Mann schrie: Bist du verrückt? Hinterher müssen wir noch als Zeugen auftreten.°

Na und? fragte die Frau.

Sag mal, keuchte° der Mann, hast du vielleicht ein Brett vor dem Kopf?[19] Und wenn meine Frau die Vorladung° in die Finger kriegt,[20] da steht doch dann auch dein Name drauf . . . was dann . . . na . . . kapiert?°

Die Frau fuhr langsam weiter, aber sie sah den Mann neben ihr nicht mehr an.

11.35 Uhr

Langsam näherte sich mit rotierendem Gelblicht der Streuwagen° aus der Kurve heraus dem Unglückswagen.

Der Beifahrer schrie: Franz! Halt an . . . da . . . da. Ich habs dir doch gleich gesagt, daß wir heute noch einen antreffen,° der wo° dranklebt.° Hätten wir mal gewettet.

Sie hielten hinter dem Unglückswagen, die beiden Männer stiegen aus, sie sahen kurz auf die leblosen Insassen, sahen sich an, zuckten die Schultern. Der Fahrer des Streuwagens stieg wortlos ein und meldete den Unfall° per Sprechfunk° in die Zentrale.° Sie warteten, ohne ein Wort zu wechseln, eine Viertelstunde, bis die Polizei kam, und noch weitere zehn Minuten bis zum Eintreffen° des Krankenwagens, in dem ein Arzt mitgekommen war. Als der Arzt den Toten am Lenkrad sah, schrie er leise auf. Ist was, Doktor, fragte einer der drei Polizisten. Nein, nein, nein, nichts. Sind mindestens eine Stunde tot, sagte der Arzt.

Eine Stunde? fragte ein anderer Polizist. Daß die aber nicht früher entdeckt wurden.

Wie soll auch, antwortete der Arzt. Wer fährt schon

---

[19] hast du vielleicht ein Brett vor dem Kopf? don't be a blockhead! [20] in die Finger kriegt gets her hands on.

bei dem Sauwetter° und den Straßen und am Sonntagmorgen, wenn er nicht unbedingt muß? Und wer muß schon unbedingt am Sonntagmorgen? Da haben
215 Sie wieder recht, sagte der erste Polizist, und die drei Uniformierten begannen, den Tatbestand° zu protokollieren.°

Meldung am 17.2.69 in allen Würzburger Zeitungen: Auf der Bundesstraße 13, kurz vor Ochsenfurt, verun-
220 glückte gestern Vormittag der praktische Arzt° Wilhelm Altmann mit seiner Ehefrau tödlich.[21] Die Polizei nimmt an, daß der Wagen infolge° überhöhter° Geschwindigkeit auf spiegelglatter° Straße aus der Kurve getragen wurde und dann an einen Baum prallte.° Die
225 beiden Insassen waren nach Auskunft des hinzugeeilten Arztes[22] sofort tot. Alle diejenigen, die am Sonntag, dem 16.2.69 in der Zeit von 10.30 Uhr und 11.35 Uhr die Unglücksstelle passierten, lasen am Montagmorgen die Zeitung.

das Sauwetter filthy weather
der Tatbestand facts
protokollieren enter into the record
der praktische Arzt general practitioner
infolge as a result of
überhöht excessive
spiegelglatt smooth as glass
prallen crash

I. SPRACHÜBUNGEN

A. Synonyme

Ersetzen Sie das kursivgedruckte Wort durch ein Synonym unten.

1. Das Unglück *ereignete sich* genau 10.30 Uhr.
2. Die Mädchen auf dem Rücksitz *preßten* ihre Gesichter an das Heckfenster.
3. Du weißt, mir wird bei so was *gleich* schlecht.
4. Er war etwa sechzig Jahre alt und sehr *beleibt*.
5. Sie bewegten *ratlos* die Arme.
6. Ach, wie *spaßig*, sagte das andere Mädchen.
7. Wenn mich jetzt die Polizei anhält, mit dem *geklauten* Wagen.
8. Hinterher müssen wir noch als Zeugen *auftreten*.

gestohlen / erscheinen / hilflos / lustig / geschehen / drücken / sofort / dick

---

[21] verunglückte ... tödlich met with a fatal accident.   [22] des hinzugeeilten Arztes of the doctor who had hurried to (the scene of the accident).

B. Redewendungen

Schreiben Sie jeden Satz um, indem Sie einen treffenderen Ausdruck unten für die kursivgedruckten Wörter wählen.

1. Er *kam* etwa sechzig Meter weiter *zum Stehen.*
   a. fuhr
   b. hatte . . . etwas zu sehen
   c. hielt . . . an
2. Was *geht es dich an.*
   a. hast du damit zu tun
   b. geht dir auf die Nerven
   c. siehst du dir das an
3. *Das fehlte* noch.
   a. bloß das nicht auch
   b. das hätte ich gerade . . . nötig
   c. das wäre . . . ganz falsch
4. Mein Lieber, der muß vielleicht *einen Zahn drauf gehabt haben.*
   a. mit den Zähnen geknirscht haben
   b. schnell gefahren sein
   c. einen Zahn entfernt haben
5. *Ich habe* doch *eine Fahne.*
   a. mein Atem riecht . . . nach Alkohol
   b. ich bin . . . Patriot
   c. ich habe . . . eine Flagge
6. Sie sind ja sowieso *übern Jordan.*
   a. über den Fluß gekommen
   b. drüben geblieben
   c. aus dem Leben geschieden
7. *Hast* du vielleicht *ein Brett vor dem Kopf?*
   a. hast . . . einen Baum im Ohr
   b. bist . . . beschränkt[23]
   c. hast . . . ein Schachbrett vergessen

C. Bedeutungsähnliche Wörter

1. *lassen / verlassen*
   a. Erklärung: *lassen* und *verlassen* bedeuten „to leave." In diesem Sinne des Wortes erscheint *lassen* mit Infinitiven wie bleiben, sein, liegen und so weiter. (Manchmal werden *bleiben* und *sein* aus-

---

[23]beschränkt dense.

gelassen.) *Verlassen* (mit untrennbarem Präfix und ohne Infinitiv) bedeutet unter anderem fortgehen von einer Person oder einem Ort. Beide Verben sind transitiv.
- b. Beispiele aus den Texten
    - i. Der etwa Vierzigjährige *verließ* den Wagen. („Stenogramm")
    - ii. *Laßt* sie liegen . . . *laßt* sie liegen . . . sind ja sowieso übern Jordan. („Stenogramm")
- c. Übungssätze
  Setzen Sie das treffendste Verb ein.
    - i. Sie _____ die Schule vor einem Jahr.
    - ii. Friedrich hat seine Frau _____ .
    - iii. Wir _____ das Buch liegen.
    - iv. Kann ich meinen Wagen bei Ihnen _____ ?

2. *trinken / saufen*
   - a. Erklärung: *trinken* und *saufen* bedeuten beide „to drink", *saufen* aber bezieht sich entweder auf Tiere oder darauf, daß man zu viel und zu oft Alkohol zu sich nimmt.
   - b. Beispiele aus den Texten
       - i. Ich hab *gesoffen,* ich bin noch von heute nacht voll, ich hab doch eine Fahne. („Stenogramm")
       - ii. *Trink* doch morgens nicht so viel Kaffee. („Stenogramm")
   - c. Alltägliche Beispiele
       - i. In Amerika *trinkt* man bei einer Party gern Cocktails, in Deutschland lieber Wein.
       - ii. Die Katze *säuft* Milch.
   - d. Übungssätze
     Setzen Sie das treffendste Verb ein.
       - i. Er _____ alle unter den Tisch.
       - ii. Ich möchte lieber ein Glas Wein _____ .
       - iii. Er _____ schon seit Jahren.

3. *bemerken / (sich) merken*
   - a. Erklärung: obgleich beide Verben denselben Wortstamm haben, besteht ein wichtiger Unterschied zwischen ihnen. *Sich merken* bedeutet etwas im Gedächtnis oder im Auge behalten. *Merken* (ohne Reflexivpronomen) und *bemerken* sind einander sehr ähnlich. Beide bedeuten „to notice", aber bei *merken* nimmt man etwas direkt durch die Sinne oder Gefühle ohne Reflexion wahr[24] (zum Beispiel, Tiere). *Bemerken* schließt Reflexion ein. Im Gegensatz zu *bemerken* kann *merken* kein persönliches Akkusativobjekt nach sich ziehen.

---

[24]**wahrnehmen**   perceive.

b. Beispiele aus den Texten
   i. Sie *bemerkte* den Wagen am Baum, sie schloß einen Moment die Augen, sie schrie leise auf. („Stenogramm")
   ii. Hoffentlich kommt mir jetzt keiner entgegen und *merkt sich* meine Nummer. („Stenogramm")
c. Alltägliche Beispiele
   i. Ich trat ins Büro und *merkte* sofort, daß keine Möbel da waren.
   ii. Ich habe ihn gestern unter den Zuschauern *bemerkt*.
   iii. Er *hat* sich ihre Haarfarbe *gemerkt*.
d. Übungssätze
   Setzen Sie das treffendste Verb ein.
   i. Bei näherem Zusehen _____ ich, daß ein Agent meiner Frau aus dem Busenausschnitt lugte.
   ii. Wir haben einen üblen Geruch _____ .
   iii. Der Schäferhund _____ auf den ersten Blick, daß wir Angst vor ihm hatten.
   iv. Er hat den Schaden zu spät _____ .
   v. Ich habe _____ seine Anschrift _____ .

D. *Wortfamilien*

Setzen Sie ein Nomen, Verb oder Adjektiv ein, das in die Wortfamilie des kursivgedruckten Wortes gehört.

Beispiel: Ein Wagen fuhr auf *vereister* Straße an einen Straßenbaum.
Das Eis (ice) auf dem See ist dick genug zum Schlittschuhlaufen.[25]

1. Sie waren von einem dringenden Haus*besuch* gekommen.
   Es ist immer so nett, wenn Meyers uns _____ (visit).
2. Er hatte an diesem Wochenende Not*dienst*.
   Vor seinem Studium hat er zwei Jahre in der Armee _____ (serve).
3. Sie waren *telefonisch* gerufen worden.
   Als er eintrat, war sie gerade am _____ (telephone).
4. Sie *bemerkte* den Wagen am Baum.
   Er hat einige sehr unfreundliche _____ (remark) über meine Semesterarbeit gemacht.
5. Aus *Richtung* Ochsenfurt kam ein Wagen.
   Bitte _____ (direct) Sie Ihre Briefe an die neue Adresse.

---

[25]das Schlittschuhlaufen   ice skating.

II. FRAGEN UND THEMEN

A. Fragen zum Inhalt

1. Warum mußte der Arzt an diesem Wochende arbeiten?
2. Warum wollte der Fahrer des Mercedes nicht anhalten?
3. Warum sagte die Mutter im Fiat ihrer Tochter, sie sollte schnell weiterfahren?
4. Warum wollte der Fahrer des Citroens nicht warten, bis die Polizei kam?
5. Was für ein Mann war der Fahrer des roten VWs mit dem Fuchsschwanz an der Antenne?
6. Wie ist das Verhältnis zwischen dem Mann und der schönen Frau im beigen BMW?
7. Welchen Grund gibt der Arzt, daß die toten Insassen nicht früher entdeckt wurden?

B. Fragen zur Diskussion

1. Warum geschah das Unglück?
2. Wie würden Sie die Reaktionen der Mädchen im popbemalten Citroen 2CV auf die Toten im VW beschreiben?
3. Warum sah die schöne Frau im beigen BMW den Mann neben ihr nicht mehr an, als sie weiterfuhr?
4. Glauben Sie, daß die beiden Männer im Streuwagen wesentlich[26] anders als die anderen Personen in der Geschichte gehandelt haben? Wenn ja, wie?
5. Wie hätten Sie gehandelt, wenn Sie an der Unfallstelle vorbeigekommen wären?

III. NACHERZÄHLUNG

Erzählen Sie die Geschichte mit eigenen Worten nach.

---

[26]**wesentlich** essentially.

12
Kurt Kusenberg

This is the second story in this anthology by Kurt Kusenberg. The first, "Die Fliege," appears in Chapter 9.

Kurt Kusenberg is a master of the short story that is written for sheer reading pleasure. In the introduction to his Gesammelte Erzählungen, *from which "Der Lokomotivführer hat Geburtstag" was taken,* Kusenberg admits that he has little use for lengthy, intricate tales of a strongly romantic and emotional bent. He is concerned with creating stories that can be read in a brief sitting, with little effort and much enjoyment. In that respect, "Der Lokomotivführer" is undoubtedly one of his most pleasant successes. As a hilarious spoof on the bunglings, prejudices, and plain incompetence of railroad officials, "Der Lokomotivführer" needs little commentary.

DER LOKOMOTIVFÜHRER HAT GEBURTSTAG

Weil die Lokomotive „Orkan"[1] hieß, nannte man den ganzen Zug nach ihr, denn sie bewegte ihn fort.° Übrigens war es kein langer Zug, er hatte nur drei Waggons, für jede Klasse einen. Eines Abends, es dämmerte° schon, verließ der „Orkan" die Station Petronia, in Richtung auf[2] Taplis, die nächste Station. Er fuhr schnell an° und erreichte bald seine höchste Geschwindigkeit. Dieser hätte es nicht bedurft,[3] und es war vorauszusehen,° daß er zu früh in Taplis eintreffen° werde.

Der Lokomotivführer war in bester Laune.° Er glaubte nämlich, er habe Geburtstag, und das mußte man doch feiern. Deshalb trug er eine Nelke° im Knopfloch, nahm von Zeit zu Zeit einen Schluck° aus der Flasche und bedachte° freigebig den Heizer.° In Wirklichkeit hatte er gar keinen Geburtstag, auch der Hei-

fortbewegen propel

dämmern get dark

anfahren start out

voraussehen foresee
eintreffen arrive
die Laune mood

die Nelke carnation
der Schluck swig
bedenken provide for
der Heizer fireman

---

[1]**Orkan** proper name meaning hurricane. [2]**in Richtung auf** in the direction of. [3]**Dieser hätte es nicht bedurft** there would have been no need of this.

zer nicht, nicht einmal die Lokomotive. Diesem Irrtum° verfiel° er oft, mindestens zweimal im Monat, es war eine Eigenheit° von ihm.

Der Waggon erster Klasse befand sich stets in der Mitte des Zuges, dort, wo es am sichersten war. Vor ihm rollte die Lokomotive mit dem Tender, hinter ihm hingen die Waggons der zweiten und der dritten Klasse. Damit wollte man, ob der Zug nun auf ein Hindernis° stieß° oder von hinten angefahren° wurde, jene Reisenden schonen,° die am meisten bezahlt hatten.

Zwischen den Waggons gab es keine Übergangsbrücke.° Der Schaffner° konnte also während der Fahrt nicht von einem Waggon zum anderen gehen: nur auf den Stationen wechselte er den Ort seines Dienstes. Den Waggon erster Klasse bestieg er ebenso gern wie ungern. Gern, weil er sich unter vornehme Leute begab, und ungern weil sie ihn nicht achteten. Vergebens gab er sich° lässig,° höflich, wie ein Offizier, der in der grossen Welt zu Hause ist. An der herablassenden° Art, mit der man ihm die Fahrkarten hinhielt, spürte er genau, daß die Reisenden ihn als einen Lakaien° einstuften,° der sie nur belästigte.°

Nein, am liebsten hielt er sich im Waggon dritter Klasse auf, bei den Leuten seines Standes.° Dort tat seine schmucke° Uniform ihre Wirkung, dort reichte man ihm beflissen,° fast ängstlich die Fahrkarten und atmete erleichtert° auf, wenn sie gültig° waren. Nach der Kontrolle setzte der Schaffner sich zwischen die Reisenden, ganz ungezwungen,° als sei er einer von ihnen. Er führte° kleine Gespräche und schäkerte° mit den Mädchen und Frauen, die keinen Begleiter° hatten.

Im Waggon zweiter Klasse mischten sich die Stände. Jeder wollte mehr gelten° als sein Nachbar: dabei wußte doch keiner, ob der Nachbar nicht ein steinreicher Geizhals° sei, der nur deshalb in der zweiten Klasse saß, weil er Geld sparen wollte. Lauernd° und gereizt° war auch das Verhältnis der Reisenden zum Schaffner. Wenn einer in der falschen Richtung oder auf der falschen Strecke fuhr, schob er sogleich alle Schuld auf[4] die Eisenbahngesellschaft. Mußte er gar

---

[4]schob er sogleich alle Schuld auf he immediately blamed everything on.

nachbezahlen,° gab es ein Gezeter.° Der Schaffner war jedesmal froh, wenn er den Waggon hinter sich hatte.
60 Der Zug „Orkan" polterte dahin.° Der Lokomotivführer und der Heizer hatten die Flasche geleert, ohne Bedenken,° denn es war Nachschub° da. Der Schaffner saß im Waggon dritter Klasse und lieh° sein Ohr gütig° einem alten Bauern, der eine verworrene Ge-
65 schichte vorbrachte.° In einem Abteil des Waggons erster Klasse erhob sich ein Mann, zog eine Pistole hervor° und befahl den Mitreisenden, ihm auszuhändigen, was sie an Geld oder Geldeswert bei sich führten.⁵ Im Anblick der Waffe zögerten° die meisten nicht, und
70 wo es doch geschah, half der Mann nach. Mit geschickter° Hand eignete er sich Brieftaschen an,° knüpfte Halsketten und Armbänder los,° zog Ringe ab. Als das Werk getan war, ging er rückwärts° zur Tür und schloß das Abteil zu.°
75 Ohne Hast schritt er von Abteil zu Abteil. Überall unternahm er dasselbe, seine Beute° wuchs. Dies jedoch hatte er bedacht;° die Innenseiten seiner Jacke hatten riesige Taschen. Mit jedem Abteil nahm der Umfang° seiner Jacke zu,° der Mann wurde gewaltiger,
80 sein Aussehen bedrohlicher.° Sobald er ein Abteil erledigt° und verriegelt° hatte, besprachen die Männer erregt, wie leicht sie ihn gemeinsam hätten überwältigen° können. Aber dazu war es ja nun zu spät.
Im letzten Abteil gab es einen Zwischenfall.° Zwei
85 Schachspieler,° die am Fenster saßen, waren so sehr in ihre Partie° vertieft, daß sie den Befehl des Banditen überhörten; dieser wiederholte ihn. „Die Pistole ist ja gar nicht geladen!"° rief ein kleiner Junge. Damit kein Zweifel aufkomme, hob der Mann seine Pistole und
90 schoß einen König vom Brett. Der Eingriff° scheuchte die Schachspieler auf,° sie begriffen endlich, was der Mann forderte.° Einer von ihnen händigte ihm nicht nur seine Brieftasche, sondern auch zwei Pistolen aus. Bewaffneter° als er jetzt war, konnte ein Räuber nicht
95 sein; ihm fehlte ein dritter Arm. Er verließ das Abteil und schloß es ab. Sein Raubzug° war zu Ende.
Von nun an wanderte er im Gang auf und ab,⁶ hielt

---

⁵**was sie an Geld oder Geldeswert bei sich führten** whatever they carried with them in money or of monetary value.
⁶**wanderte er im Gang auf und ab** he wandered back and forth in the aisle.

vor jedem Abteil und überprüfte,° ob man sich drinnen
gesittet° aufführe.° Die Herren schauten mürrisch oder
geniert° beiseite. Einige Damen aber, die den Wage- 100
mut° des Räubers bewunderten, warfen ihm lok-
kende° Blicke zu. Es focht ihn nicht an.° Er hatte
eine zänkische,° aber hübsche Frau, die er liebte, und
zu ihr wollte er so rasch wie möglich. Er wartete nur
auf eine Gelegenheit, unbehelligt° den Zug zu ver- 105
lassen.

Während die Männer auf der Lokomotive die
Feuerbüchse° versorgten, entging° ihnen, daß ihr Zug
an der Station Taplis vorbeijagte.° Nur die Reisenden
bemerkten es. Sie sahen am Bahnsteig andere Rei- 110
sende, die ihnen verblüfft° nachstarrten. Weit hinter
Taplis blickte der Lokomotivführer auf das Manometer;° der Zeiger meldete Überdruck. „Zuviel Dampf!"
rief er und nahm dem Heizer die Flasche ab. „Das
Trinken bekommt° dir nicht, du heizt wie ein Narr." Er 115
zog den Hebel° und ließ Dampf ab. Da er Hebel für
Hebel hielt,[7] zog er auch die Bremse° ein wenig. Dicke
Dampfschwaden qualmten den Zug entlang.[8] Als der
Bandit spürte,° daß der Zug langsamer fuhr, öffnete er
die Tür und sprang hinaus. Er fiel weich, erhob sich und 120
wanderte landeinwärts.° Den Augenblick des Ab-
sprungs° hatte er gut gewählt, denn gleich darauf
beschleunigte° der „Orkan" seine Fahrt.

Inzwischen hatte der Stationsvorsteher von Taplis
seinen Amtsgenossen° in Gigosch, der nächsten Station, 125
angerufen und ihm mitgeteilt,° was geschehen war.
„Hier ist er durch",[9] sagte er.

„Bei uns° noch nicht", erwiderte der Andere. Daraus
schlossen sie, der Zug müsse sich zwischen ihren Stationen befinden, und das stimmte. „Ich bin neugie- 130
rig",° sagte der Stationsvorsteher von Gigosch, „ob er
auch hier nicht hält."

Der Heizer zog seine Uhr aus der Tasche. „Wir
müßten längst in Taplis sein", sagte er. Der Lokomotivführer starrte in die Landschaft: so dunkel sie war, fand 135
er sich in ihr zurecht.[10] „Schafskopf!" schrie er. „Wir

---

[7]**Da er Hebel für Hebel hielt** since he considered one lever the same as another lever.   [8]**Dicke Dampfschwaden qualmten den Zug entlang** thick clouds of steam billowed along the train.
[9]**Hier ist er durch** it has passed through here.   [10]**fand er sich in ihr zurecht** felt at home in it.

sind durchgefahren. Zurück!" Er hielt die Lokomotive an, jäh,° und schaltete um.° Die Maschine fuhr jetzt rückwärts, sie schob den Zug vor sich her.¹¹

140 Als die Reisenden der ersten Klasse merkten, daß der Zug rückwärts fuhr, überkam sie die Empfindung,° es entwickle sich alles zurück:¹² der Bandit erscheine, händige ihnen das geraubte Gut° aus und setze sich wieder still auf seinen Platz. Doch dies geschah nicht,
145 das Leben hat immer nur eine Richtung: auch die Rückfahrt° des Zuges gehörte ihr an.

Daß man an der Station Taplis vorbeigefahren war, hatte der Schaffner erfaßt;° er nahm jedoch an,° es sei eine Weisung.° Nachdem aber jetzt der Zug zurück-
150 setzte,° viel zu schnell, ohne jede Vorsicht,° wurde der Mann unruhig: er wollte wissen, was da vor sich ging.¹³ Er kletterte aus einem Fenster auf das Dach des Waggons; es war ein verwegenes° Kunststück.° Oben angelangt,¹⁴ sprang er zuerst auf das Dach des Waggons
155 zweiter Klasse, dann auf Dach des Waggons erster Klasse. „Was soll das?" rief er zum Lokomotivführer hinüber.

„Wir korrigieren uns!"° schrie dieser zurück. „Da— fang auf. Ich habe Geburtstag." Er warf dem Schaffner
160 eine Flasche zu. Der griff sie aus der Luft, hielt eine Stärkung° für verdient und tat einen gehörigen° Schluck. Dann kletterte er, nun schon ein Meister, durch ein offenes Fenster in den Waggon erster Klasse. Kaum, daß er im Gang stand, gebärdeten sich° die
165 eingekerkerten° Reisenden wie toll und rüttelten an° den Türen. Der Schaffner schloß Abteil für° Abteil auf, wurde umringt° und erfuhr das Geschehene.° Der Schnaps, den er getrunken hatte, nahm ihm alle Scheu.° „Aber, aber!" sagte er, halb tadelnd,° halb ver-
170 ächtlich.° „So viele Männer gegen einen einzigen Mann! Ich hätte ihn niedergeschlagen." Da lag er auch schon, von Fausthieben° hingestreckt.° Die Zornigen° vollzogen° an ihm, was sie dem Räuber nicht mehr antun konnten.

175 Die Strecke zwischen Gigosch und Taplis war eingleisig.° Deshalb mußten die beiden Stationsvorsteher

jäh suddenly
umschalten reverse the engine
die Empfindung sensation
das Gut property
die Rückfahrt return journey
erfassen comprehend
annehmen assume
die Weisung order
zurücksetzen reverse itself
die Vorsicht caution
verwegen bold
das Kunststück feat
sich korrigieren make a correction
die Stärkung refreshment
gehörig suitable
sich gebärden carry on
eingekerkert imprisoned
rütteln an shake
für (here) after
umringen surround
das Geschehene what had happened
die Scheu timidity
tadelnd reproaching
verächtlich contemptuously
der Fausthieb fist blow
hingestreckt flattened
die Zornigen the angry people
vollziehen carry out
eingleisig single track

---

¹¹sie schob den Zug vor sich her it pushed the train. ¹²es entwickle sich alles zurück that everything was going backward. ¹³was da vor sich ging what was going on there. ¹⁴Oben angelangt having arrived on top.

ins reine kommen.¹⁵ Der in Taplis redete dem Anderen ein, sicherlich habe der „Orkan" auch Gigosch durchfahren und sei längst unterwegs zur nächsten Station. „Die Strecke ist demnach frei, ich schicke den nächsten Zug durch", sagte der Eine, doch der Andere sagte es ebenfalls, zur selben Zeit und mit denselben Worten. Da Beide sprachen, hörten Beide nicht zu; so entstand ein Mißverständnis. In Taplis und Gigosch verließ je ein Zug¹⁶ die Station.

Auf dem „Orkan" riß das Unheil° nicht ab.° „Der Kessel° brennt durch!" schrie der Lokomotivführer. „Es ist kein Wasser mehr drin. Raus mit den Kohlen!" Er drosselte° die Geschwindigkeit. Er riß die Feuertür auf.° Beide Männer ergriffen° Schaufeln, holten die glühenden Kohlen hervor und warfen sie ins Gelände,° teils nach links teils nach rechts. Hei,° wie flog das leuchtende° Zeug° an den Fenstern des Zuges vorbei!

Das Feuerwerk hatte sein Gutes.° Es erregte° die Aufmerksamkeit der Lokomotivführer, die auf den „Orkan" zuhielten;° auch sie drosselten° ihre Maschinen. Ganz sachte° fuhren die Züge aufeinander. Es krachte° nur ein bißchen, und im „Orkan" wurde der Waggon erster Klasse, der sorglich geschützte,° leicht zusammengedrückt,° doch erlitt° kein Reisender nennenswerte Verletzungen.°

Da standen sie, die drei Züge, und niemand wußte, was nun geschehen sollte. Die Stationsvorsteher von Gigosch und Taplis tasteten° im Dunkeln. Keiner konnte dem Anderen die Ankunft eines Zuges melden, obwohl sie einen abgeschickt hatten. Züge, die von Gigosch wollten, sammelten sich an.° Freie Fahrt¹⁷ erhielten sie jedoch nicht—dazu war die Lage° zu unklar. Die Telefongespräche der Stationsvorsteher wurden immer wirrer,° immer sinnloser. Was war zu tun?

„Kein schöner Geburtstag", sagte mißgelaunt° der Lokomotivführer des „Orkan" zu dem Heizer.

„Schön vielleicht nicht", erwiderte der Heizer, „aber bewegt."°

---

¹⁵**ins reine kommen** come to an understanding.   ¹⁶**je ein Zug** one train each.   ¹⁷**Freie Fahrt** all clear.

Etwa um die gleiche Zeit, als die drei Lokomotivführer sich geeinigt hatten° und allesamt nach Taplis fuhren, langte der Bandit zu Hause an. Er gab seiner
220 Frau einen Kuß, entledigte sich° der Schuhe, zog Pantoffeln° an und trank ein Glas Wein. „Na—mit leeren Händen?" fragte sie spöttisch.° Er wollte nur lächeln, geriet aber ins Lachen.[18] Er griff° in die riesigen Taschen seiner Jacke und breitete die Beute auf
225 dem Tisch aus. „Reicht das?"° fragte er. „Ist es ein Geburtstagstisch?" Anders, als der Lokomotivführer, hatte die Frau wirklich Geburtstag. Sie nickte.° Sie zählte das Geld, prüfte° die Halsketten, die Armbänder. Dann gab sie ihrem Mann einen Kuß. Später, nach dem Abend-
230 essen, gab sie ihm noch mehr.

sich einigen come to terms
sich entledigen take off
der Pantoffel slipper
spöttisch mockingly
greifen reach
reichen be enough
nicken nod
prüfen examine

I. SPRACHÜBUNGEN

A. Synonyme

Ersetzen Sie das kursivgedruckte Wort durch ein Synonym unten.

1. Es war vorauszusehen, daß der Zug zu früh in Taplis *eintreffen* werde.
2. Der Lokomotivführer *bedachte* freigebig den Heizer.
3. Man wollte die Reisenden *schonen,* die am meisten bezahlt hatten.
4. Am liebsten hielt er sich bei den Leuten seines *Standes* auf.
5. Der alte Bauer *brachte* eine verworrene Geschichte *vor*.
6. Der Bandit befahl den Mitreisenden, ihm ihr Geld *auszuhändigen*.
7. Im Anblick der Waffe zögerten die meisten *Reisenden* nicht.
8. Die Männer begriffen endlich, was der Mann *forderte*.
9. Der Schaffner *hatte* es *erfaßt,* daß man an Taplis vorbeigefahren war.
10. Die eingekerkerten Reisenden *gebärdeten sich* wie toll.
11. Hei, wie flog das *leuchtende* Zeug an den Fenstern des Zuges vorbei!
12. Die *Lage* der Züge war unklar.
13. Der Bandit *entledigte sich* der Schuhe.

verlangen / die Klasse / sich benehmen / der Passagier / glühend / sorgen für / begreifen / erzählen / sorgsam behandeln / die Situation / ankommen / überreichen / ausziehen

---

[18]**geriet aber ins Lachen** but broke out in laughter.

B. Redewendungen

Schreiben Sie jeden Satz um, indem Sie einen treffenderen Ausdruck unten für die kursivgedruckten Wörter wählen.

1. Der Schaffner *schob alle Schuld auf* die Eisenbahngesellschaft.
   a. stürzte ... in alle Schulden
   b. bezahlte alle Schulden für
   c. machte ... dafür ganz verantwortlich
2. Der Bandit *wanderte* im Gang *auf und ab*.
   a. machte ... eine Wanderung umher
   b. sprang ... auf und ab
   c. ging ... hinauf und hinunter
3. Der Lokomotivführer *fand sich* in der Landschaft *zurecht*.
   a. fühlte sich ... zu Hause
   b. fuhr ... nach rechts
   c. entdeckte ... das Recht
4. Der Schaffner wollte wissen, was da *vor sich ging*.
   a. langsam ging
   b. geschah
   c. sicher ging
5. Die Stationsvorsteher mußten *ins reine kommen*.
   a. sich reinigen
   b. sich einigen
   c. sich rein halten

C. Bedeutungsähnliche Wörter

1. zuschließen / abschließen / verschließen / verriegeln
   a. Erklärung: alle vier Verben können im Englischen „to lock" bedeuten. *Zuschließen* und *abschließen* sind Synonyme und bedeuten schließen mit einem Schlüssel. *Zuschließen* betont mehr, daß der Zutritt[19] anderer damit verhindert wird. *Verschließen* heißt auch schließen mit einem Schlüssel, aber man gebraucht das Verb gewöhnlich nicht für Haus, Tür, Schublade[20] und so weiter (bei solchen Gegenständen gebraucht man *abschließen*), sondern für kleine Dinge wie Schmuckkästen und Mappen. *Verriegeln* bedeutet einfach verschließen mit einem Riegel.[21]
   b. Beispiele aus den Texten
      i. Als das Werk getan war, ging er rückwärts zur Tür und *schloß* das Abteil *zu*. („Der Lokomotivführer hat Geburtstag")

---

[19]der Zutritt   entrance.   [20]die Schublade   drawer.   [21]der Riegel   bolt.

ii. Er verließ das Abteil und *schloß* es *ab*. („Der Lokomotivführer hat Geburtstag")
iii. Sobald er ein Abteil erledigt und *verriegelt* hatte, besprachen die Männer erregt, wie leicht sie ihn gemeinsam hätten überwältigen können. („Der Lokomotivführer hat Geburtstag")

c. Alltägliche Beispiele
 i. Vergessen Sie nicht, die Tür *abzuschließen*.
 ii. Jetzt müssen wir wegen dem Lärm die Tür *zuschließen*.
 iii. Er hat seine Schreibmappe *verschlossen*.
 iv. Diese alte Hütte muß man *verriegeln*.

d. Übungssätze
 Setzen Sie das treffendste Verb ein.
 i. Ich will die Tür _____ _____ , weil man mich so oft stört.
 ii. Vergessen Sie nicht, die Scheune[22] _____ !
 iii. Hast du den Schallplattenschrank _____ ?
 iv. _____ bitte das Haus _____ !

2. *halten / anhalten*
 a. Erklärung: die beiden Verben bedeuten zum Stillstand[23] kommen und beziehen sich auf Personen und Fahrzeuge.[24] Bei *halten* wird das aber als etwas Selbstverständliches betrachtet, während man *anhalten* im Sinne von einem vorübergehenden[25] oder plötzlichen Unterbrechen gebraucht.
 b. Beispiele aus den Texten
  i. „Ich bin neugierig", sagte der Stationsvorsteher von Gigosch, „ob er auch hier nicht *hält*." („Der Lokomotivführer hat Geburtstag")
  ii. Die junge Frau schrie: „Ewald, du mußt *anhalten*! Um Gottes willen, da ist etwas passiert." („Stenogramm")
 c. Alltägliche Beispiele
  i. Die Straßenbahn *hält* hier.
  ii. *Halt!*
  iii. Die Straßenbahn *hielt* zwischen den Haltestellen *an*.
 d. Übungssätze
  Setzen Sie das treffendste Verb ein.
  i. Wissen Sie, ob der Zug in Frankfurt _____ ?
  ii. Ich habe Ihren Freund an der Ecke _____ .
  iii. Warum hat der Bus hier _____ ?
  iv. Sie müssen vor dem Schild _____ .

---

[22]**die Scheune** barn.   [23]**der Stillstand** stop.   [24]**das Fahrzeug** vehicle.
[25]**vorübergehend** temporary.

D. Wortfamilien

Setzen Sie ein Nomen, Verb oder Adjektiv ein, das in die Wortfamilie des kursivgedruckten Wortes gehört.

Beispiel: Eines Abends, es *dämmerte* schon, verließ der „Orkan" die Station Petronia.
In der Wüste ist die <u>Dämmerung</u> (dusk) besonders schön.

1. Er glaubte nämlich, er habe Geburtstag, und das mußte man doch *feiern*.
Zur _____ (celebration) des Tages wurde ein großer Kuchen gebacken.
2. Er führte kleine *Gespräche*.
Heute können Sie leider nicht mit ihm _____ (speak).
3. Er schob sogleich alle *Schuld* auf die Eisenbahngesellschaft.
Kein Zweifel, der Mann war _____ (guilty) an dem Verbrechen.
4. Er *befahl* den Mitreisenden, ihm alles auszuhändigen.
Sie taten, als hätten sie den _____ (order) nicht gehört.
5. Damit kein *Zweifel* aufkomme, schoß der Mann den König vom Brett.
Ich habe nie daran _____ (doubt), daß sie uns helfen würde.

II. FRAGEN UND THEMEN

A. Fragen zum Inhalt

1. Wie viele Waggons hat der Zug „Orkan"?
2. Warum ist der Lokomotivführer in guter Laune?
3. Wo befindet sich der Waggon erster Klasse? Warum?
4. Warum kann der Schaffner während der Fahrt nicht von einem Waggon zum anderen gehen?
5. Warum besteigt der Schaffner den Waggon erster Klasse ungern?
6. Was geschieht im Waggon erster Klasse, während der Schaffner im Waggon dritter Klasse sitzt?
7. Was machte der Bandit, als der Lokomotivführer die Bremse zog?
8. Warum schaltete der Lokomotivführer um?
9. Wie behandelten die Reisenden den Schaffner, als er zurückkam? Warum?
10. Wie hat das Feuerwerk im „Orkan" alle drei Züge gerettet?
11. Wer hat wirklich Geburtstag?

B. Fragen zur Diskussion

1. Charakterisieren Sie die Eigenheit des Lokomotivführers.
2. Erklären Sie die Unterschiede der drei Klassen im Zug. Wie behandeln die Passagiere in jedem Waggon den Schaffner?
3. Wie weiß man, zu welchem Stand der Schaffner gehört?
4. Warum beraubt der Bandit nur die Reisenden im Waggon erster Klasse?
5. Wie empfängt den Banditen seine Frau?

III. NACHERZÄHLUNG

Erzählen Sie die Geschichte mit eigenen Worten nach.

Wörterverzeichnis

Plural endings of nouns are given. Compound nouns appear under the first word of the compound.

The principal parts of strong and irregular verbs are indicated by the *ablaut* vowels. No principal parts are given for weak verbs; separable prefixes are hyphenated.

A

    ab off, away
        ab und zu now and then
    ab-biegen, o, o turn off
das **Abendessen, -** supper
    abends evenings, in the evening
        eines Abends one evening
    aber but
    abermals again
    abgefahren worn down
    abgelegen remote
    abgenutzt worn out
    abgesehen (von) apart (from)
    ab-hängen (von) i, a depend (on)
    ab-lassen, ie, a let off, release
der **Ablauf, ¨e** expiration, passage, course
    ab-laufen, ie, au run out
    ab-nehmen, a, o take away
die **Abneigung, -en** aversion
das **Abonnement, -s** subscription
    ab-reißen, i, i come to an end, tear off
    ab-schicken send off
    ab-schließen, o, o lock up
die **Absicht, -en** intention
    absolviert completed
    ab-sondern separate
der **Absprung, ¨e** leap
    ab-steigen, ie, ie dismount
das **Abteil, -e** compartment
die **Abteilung, -en** detachment
sich **ab-trocknen** dry oneself

    ab-tupfen swab
    ab-urteilen sentence
    ab-warten await
    ab-weisen, ie, ie reject
    ab-ziehen, o, o pull off
    achten (auf) pay attention (to), respect
die **Adresse, -n** address
der **Agent, -en** agent
    ahnen suspect, have a presentiment
    ähnlich similar (to)
die **Ähnlichkeit, -en** similarity
die **Ahnung, -en** idea, presentiment
    ahnungslos unsuspecting
die **Akademie, -n** academy
der **Akademiker, -** academician
    alle all, everyone
    allein alone
    allerdings to be sure, of course
    allerhand all kinds of
    allerletzt very last
    alles everything, all
    allesamt together
    allgemein general
    alltäglich commonplace
    allzu very, all too
    also therefore, well
    alt old
        älter older, elderly
die **Ampel, -n** lamp
das **Amt, ¨er** position, job
der **Amtsgenosse, -n** colleague
    an at, to, against
der **Anblick, -e** sight

ander- other, second
  zum andern on the other hand
die ändern change
anders different
an-deuten indicate
sich an-eignen take possession
an-fahren, u, a start out, ram into
an-fangen, i, a begin
anfangs in the beginning
an-fechten, o, o bother, affect
an-fliegen, o, o fly to
der Anführer, - leader
angeben, a, e indicate
angebunden tied down
an-gehen, i, a be tolerable
  es geht dich an it concerns you
  es ging nicht an it wouldn't do
an-gehören belong
die Angelegenheit, -en affair, concern
angeln (nach) grope (for), fish (for)
angestellt employed
angezogen drawn up, dressed
die Angst, ⸚e fear, anxiety
  Angst haben vor be afraid of
ängstlich timid
an-haben wear
an-halten, ie, a stop, hold
sich an-hören sound
anklagend accusing
an-kommen, a, o arrive
  an-kommen auf be a matter of
die Ankunft, ⸚e arrival
die Anlage, -n park
an-langen arrive

an-legen put on
an-leuchten shine at
an-merken notice
die Annahme, -n assumption
an-nehmen, a, o assume
der Anruch, ⸚e trace
an-rufen, ie, u call
an-schalten turn on
an-schauen look at
anscheinend apparent
der Anschlag, ⸚e attack
an-sehen, a, e look at, view
die Ansichtskarte, -n picture postcard
die Ansprache, -n speech
der Anspruch, ⸚e claim
anständig proper, respectable
die Anständigkeit decency
an-stecken light
an-treffen, a, o meet
an-tun, a, a do to
die Antwort, -en answer
antworten answer
die Anweisung, -en instruction
an-zeigen report
an-ziehen, o, o pull on, pull up, put on
an-zünden light, ignite
die Apotheke, -n pharmacy
der Apotheker, - pharmacist
der Apparat, -e device
die Arbeit, -en work
arbeiten work
die Arbeitsmoral labor morale
der Ärger, - anger
ärgern anger
sich ärgern become angry
argwöhnen suspect
der Arm, -e arm
das Armband, ⸚er bracelet
die Armbewegung, -en sweep of the arm
ärmlich poor, shabby

arrangieren   arrange
die Art, -en   manner, kind
der Arzt, ˷e   physician
die Astgabel, -n   tree fork
der Atem, -   breath
der Atemzug, ˷e   breath
athletisch   athletic
atmen   breathe
auch   also, too
   auch wenn   even if
auf   on, for, to, in
   auf einmal   suddenly
   auf und ab   up and down
auf-atmen   breathe a sigh of relief
auf-blicken   look up
aufeinander-fahren, u, a   crash
auferlegen   impose (on), inflict (on)
auf-fallen, ie, a   attract attention
auf-fangen, i, a   catch
auf-führen   perform
sich auf-führen   carry on, behave
aufgebracht   irritably
auf-gehen, i, a   dawn on
auf-gucken   look up
sich auf-halten, ie, a   stay
sich auf-hängen, i, a   hang oneself
auf-kommen, a, o   come up, arise
auf-kriegen   get open
auf-lockern   loosen up
aufmerksam   attentive
die Aufmerksamkeit, -en   attention
auf-nehmen, a, o   take up, photograph
auf-passen   watch out
der Aufprall, -e   impact
auf-regen   agitate
sich auf-regen   get upset
die Aufregung, -en   agitation

auf-reißen, i, i   throw open
sich auf-richten   straighten up
auf-scheuchen   startle
auf-schlagen, u, a   open
auf-schließen, o, o   unlock, open
auf-schreien, ie, ie   scream
der Aufseher, -   overseer
auf-setzen   put on
auf-sitzen, a, e   mount
auf-springen, a, u   jump up
auf-steigen, ie, ie   ascend, get ahead
auf-stoßen, ie, o   push open
auf-tauchen   appear
auf-tauen   thaw, become sociable
auf-tragen, u, a   serve
auf-treiben, ie, ie   hunt up
auf-treten, a, e   act, appear
auf-wachen   wake up
das Auge, -n   eye
der Augenblick, -e   moment
der Augenzeuge, -n   eye witness
aus   out of, made from
aus-breiten   spread out
der Ausbruch, ˷e   outburst
sich ausdehnen   expand
aus-denken, a, a   think out
der Ausdruck, ˷e   expression
sich aus-drücken   express oneself
aus-fahren, u, a   put out
aus-fertigen   expedite, ready
der Ausgang, ˷e   exit, ending, result
aus-gehen, i, a   expire, go out
ausgelassen   boisterous
ausgerechnet   precisely, of all things
ausgesetzt sein   be exposed
ausgespannt   spread out
ausgesprochen   marked, expressly
aus-händigen   hand out

	aus-heben, o, o dig
sich	aus-kennen, a, a know one's way around, be familiar with
	aus-knipsen flick out
die	Auskunft, ⸚e information
	aus-laufen, ie, au run out
	aus-machen spot, matter
der	Auspuff, ⸚e exhaust
	aus-rollen taxi to a stop
die	Aussage, -n testimony
	aus-sagen testify
der	Ausschnitt, -e neckline
	aus-sehen, a, e appear
	außer except for
	äußerlich outward
	äußerst extremely
	außerstande unable
	aus-steigen, ie, ie get out
	aus-stellen make out a document, exhibit works of art
die	Ausstellung, -en exhibition
	aus-strecken reach out, extend
	aus-suchen select
	aus-wählen select
	auswendig by heart
	aus-ziehen, o, o take off
die	Autobahn, -en freeway

B

	baden bathe, swim
die	Badewanne, -n bathtub
das	Badezimmer, - bathroom
der	Bahnsteig, -e platform
	bald soon, almost
die	Bank, ⸚e bench
die	Bank, -en bank, banking establishment
	barsch gruff
der	Bart, ⸚e whiskers
	bärtig bearded
das	Bassin, -s swimming pool
	bauen build
der	Bauer, -n farmer, peasant
der	Baum, ⸚e tree
der	Baumeister, - master builder
	beachten pay attention to
	bedenken, a, a provide for
die	Bedenken (pl.) scruple, concern
	bedeuten mean
die	Bedeutung, -en meaning
	bedrohlich threatening
	bedroht threatened
	beenden finish
die	Beere, -n berry
	befallen, ie, a befall, come over
	befehlen, a, o order
sich	befinden, a, u be
	beflissen diligent
	befragen question
	befremden astonish
	befriedigt satisfied
	befürchten fear
die	Befürchtung, -en fear
sich	begeben, a, e proceed
	begegnen meet
sich	begegnen (einander) meet
	begehen, i, a commit
	begeistert enthusiastic
die	Begeisterung, -en enthusiasm
	beginnen, a, o begin
	begleiten accompany
der	Begleiter, - escort
	begreifen, i, i understand, comprehend
die	Begrüßung, -en greeting
	behalten, ie, a keep, remember
	behandeln treat
	behaupten maintain
	behütet protected

bei at, on, at the sight of, during, over
beide both, two
der Beifahrer, - passenger
der Beifahrersitz, -e passenger seat
das Bein, -e leg
beinahe almost
bei-pflichten agree with
beiseite-lassen, ie, a leave, forget
beiseite-schauen look aside
das Beispiel, -e example
bekannt acquainted, known
bekommen, a, o get, receive, agree with
sich bekreuzigen cross oneself
bekümmert troubled
beladen loaded
belästigen pester, annoy
belebt busy
belegt covered
belehrt instructed
beleibt corpulent
beleidigen insult
beleidigt insulted
die Beleuchtung, -en lighting
bemerken remark
bemerkenswert noteworthy
die Bemerkung, -en remark
sich bemühen take pains, trouble oneself
sich benehmen, a, o behave
benutzen use
bequem easy, comfortable
bereit ready
bereits already
der Berg, -e mountain
der Bericht, -e report
berichten report
beriechen, o, o sniff
der Beruf, -e profession
beruhigen calm
beruhigend reassuring

beruhigt reassured
beschädigen damage
die Beschaffenheit, -en consistency
sich bescheiden, ie, ie resign oneself, put up with things
beschimpfen call, insult
beschleunigen accelerate
beschriften label
beschuldigen accuse
die Besessene, -n fanatic
der Besitz, -e property, estate
besitzen, a, e possess
der Besitzer, - owner
besonders especially
besorgt concerned, solicitous
besprechen, a, o discuss
die Besserung, -en improvement
bestaunen marvel at
das Besteck, -e silverware
bestehen (aus), a, a consist (of); exist
besteigen, ie, ie get on
bestens extremely well
bestimmt definite
die Bestimmtheit, -en certainty
bestürzt perplexed
der Besuch, -e visit
besuchen visit
betäuben stupefy
betäubt stunned
beteiligt sein be involved
beten pray
betonen emphasize
betrachten observe, consider, examine
der Betrachter, - spectator
betragen, u, a behave
betrübt distressed
betrügen, o, o cheat, defraud
das Bett, -en bed

betupfen touch here and there
sich beugen bend
beurteilen judge
die Beute booty
bevor before
bewaffnet armed
bewegen move
beweglich tangible, movable
bewegt excited
der Bewohner, - inhabitant
bewundern admire
bewußt conscious
das Bewußtsein consciousness
bezahlen pay
sich beziehen auf refer to
die Bibliothek, -en library
biblisch biblical
das Biest, -er beast
das Bild, -er picture
das Bilderbuch, ̈er picture book
billig cheap
billigen approve
binden, a, u tie
bis until
bisher hitherto, up to now
bitten, a, e (um) ask (for)
blasen, ie, a blow
blasig vesicular
blaß pale
das Blatt, ̈er leaf
blau blue
bleiben, ie, ie remain
bleich pale
blendend dazzling
der Blick, -e look
blicken look
blitzschnell fast as lightning
blöd silly
der Blödsinn nonsense
blond blond
bloß only, well, bare
die Blume, -n flower
das Blut blood
blutend bleeding
das Boot, -e boat
der Bootsrand, ̈er rim of the boat
brauchen need
braun brown
brechen, a, o break
breit broad
die Bremse, -n brake
bremsen brake
das Brett, -er board
die Brieftasche, -n wallet, pocketbook
die Brille, -n eyeglasses
bringen, a, a bring
bronzen bronze
die Brosche, -n brooch
brüllen shout, howl, roar
brummeln growl
die Brust, ̈e breast, chest
das Buch, ̈er book
der Büstenhalter, - brassiere
die Butter butter

C

chemisch chemical
chinesisch *(adj.)* Chinese

D

da there, then, since
dabei in the process, while doing it
das Dach, ̈er roof
der Dachrand, ̈er edge of roof, rain gutter
die Dachrinne, -n eaves
daher-kommen, a, o come along
dahin-poltern rumble along
damals at that time

die	**Dame, -n** lady			**dies** this
	damit so that			**dieser** this
	dämmern get dark			**diesmal** this time
die	**Dämmerung, -en** twilight		das	**Ding, -er** thing
der	**Dampf, ⸚e** steam			**direkt** downright
der	**Dampfer, -** steamer			**diskret** discreet
der	**Dampfschwaden, -** cloud of steam			**diszipliniert** disciplined
				doch yet, but, still, after all
der	**Dank** gratitude		das	**Dorf, ⸚er** village
	dankbar grateful			**dort** there
	dann then			**dorthin** there
	darauf on them, after that			**dösen** doze
	darüber across it, about that			**drahtig** wiry
	dasselbe the same			**drängen** urge, crowd
die	**Dauer, -** duration, length			**dreckig** dirty, filthy
	dauern last		(sich)	**drehen** turn
	dauernd constantly			**drei** three
der	**Daumen, -** thumb			**dreieckig** three-cornered
die	**Decke, -n** blanket, ceiling			**dreifingerbreit** three-fingers wide
der	**Deckel, -** cover			
der	**Delphin, -e** dolphin			**dreijährig** three years old
	demnach accordingly, that is to say			**dreimal** three times
				dringen, a, u penetrate, get
	demonstrieren demonstrate			**dringend** urgent
	denen (to, of) whom			**drinnen** inside
	denken, a, a think			**dritt** third
das	**Denken, -** thinking		die	**Drogerie, -n** drugstore
	denn for, because			**drohen** threaten
	dennoch however, nevertheless			**dröhnen** roar
				drosseln decrease, slow down
	deshalb therefore			
	desinfizieren disinfect			**drüben** over there
	dessen whose, the latter's, his		der	**Druck, -e** printing
			sich	**ducken** duck
	deswegen because of that			**dumm** dumb
	deuten point, indicate			**dunkel** dark, low
	deutlich clear		das	**Dunkel** darkness
	deutsch *(adj.)* German			**dünn** thin
	dicht close, dense			**durch** through, by means of, by
	dick fat, thick			
	diejenigen those			**durch-brennen, a, a** burn through
	dienen serve			
der	**Dienst, -e** service			**durch-drehen** spin
das	**Dienstmädchen, -** maid			**durcheilen** hurry through

durchfahren, u, a pass through
durchgeben, a, e pass on
durchkämmen comb through
durch-lesen, a, e read through
durch-stöbern rummage through
durch-treten, a, e press to the floor
das Dutzend, -e dozen

E

eben just
ebenfalls likewise, also
ebenso just so
echt genuine
die Ecke, -n corner
egoistisch selfish
die Ehe, -n marriage
der Ehemann, ̈er husband
eifrig eager
das Eigenheim, -e own home, private home
die Eigenheit, -en peculiarity
eigentlich actually
sich eignen (zu) be suitable (for)
die Eile, - hurry
eilen hurry
eilfertig rush, hasty
eilig quick, speedy
ein one
  einander one another
  ein bißchen a little
  ein paar a few
  mit einem mal suddenly
  zum einen on the one hand
ein-dringen, a, u penetrate
der Eindruck, ̈e impression
einer one

einfach simple
ein-fallen, ie, a occur (to)
eingekerkert imprisoned
eingeschlossen included
ein-gießen, o, o pour
eingleisig single track
der Eingriff, -e interference, intervention
sich ein-hängen (bei), i, a take someone's arm
einher-fliegen, o, o fly along
einig- some
sich einigen to come to terms
ein-laden, u, a invite
die Einladung, -en invitation
  die Einladungskarte, -n invitation card
einmal once
ein-reden persuade
ein-richten install
einsam lonely
die Einsicht, -en insight, point of view
ein-steigen, ie, ie get in
ein-stufen classify
ein-tauchen submerge
ein-treffen, a, o arrive
das Eintreffen, - arrival
der Eintritt, -e entrance, enter
einzig single
die Eisenbahngesellschaft, -en railway company
elektrisch electric
die Eltern (pl.) parents
der Emmenthaler, - Swiss cheese
empfinden, a, u perceive
die Empfindung, -en sensation
empört indignant
empor-wachsen, u, a grow forth
emsig eager
das Ende, -n end
  am Ende finally
endlich finally

WÖRTERVERZEICHNIS 149

        eng narrow, tight
der **Engländer, -** Englishman
die **Engländerin, -nen** Englishwoman
        entdecken discover
        entfahren, u, a escape
        entfernen remove, take
sich **entfernen** move away, disappear in the distance
        entfernt distant
        entgegen toward, in spite of
        entgegen-kommen, a, o approach
        entgegnen reply
        entgehen, i, a escape
        entgeistert thunderstruck
        entlang along
        entlang-qualmen billow along
        entlang-schauen look along
        entledigen take off
        entreißen, i, i snatch away
        entscheiden, ie, ie decide
        entsetzlich dreadful, horrible
        entsetzt shocked
        entsprechend corresponding
        entstehen, a, a arise, be generated
        entsteigen, ie, ie climb out
        enttäuscht disappointed
        entwerfen, a, o design, sketch
sich **entwickeln** develop
        entwischen escape, get away
        entzücken delight
        erbarmungswürdig pitiable
der **Erbe, -n** heir
        erben inherit
        erbötig willing, ready
der **Erdboden, ⸚** soil
die **Erde, -n** earth
das **Erdenleben, -** earthly life
sich **ereignen** happen
das **Ereignis, -se** incident, event

        erfahren, u, a find out, learn
die **Erfahrung, -en** experience
        erfassen comprehend, seize
die **Erfindung, -en** invention
        ergänzen supplement, add
sich **ergeben, a, e** surrender
        ergreifen, i, i take hold of
        erhalten, ie, a receive
sich **erheben, o, o** arise
        erheblich considerable
sich **erholen** recover
die **Erholung, -en** recovery
sich **erkälten** catch cold
die **Erkältung, -en** cold
        erkennen, a, a recognize
        erklären explain
die **Erklärung, -en** explanation
        erledigen finish off, take care of
        erledigt finished
        erlegen kill, slay
        erleichtern relieve, make easier
        erleiden, i, i suffer
        ermorden kill
die **Ermordung, -en** killing
        erneut again, anew
die **Erniedrigung, -en** humiliation
        ernst serious
        eröffnen open
        erraten, ie, a guess
        erregen arouse
sich **erregen** get all worked up
        erregt excited
die **Erregung, -en** agitation
        erreichen reach
der **Ersatz, ⸚e** replacement, exchange
        erscheinen, ie, ie appear
die **Erscheinung, -en** appearance
        erschlagen, u, a kill, strike dead
        erschrecken, a, o be shocked
        erschüttert shaken

150 WÖRTERVERZEICHNIS

    ersetzen   replace
    erspart-bleiben, ie, ie   be spared
    erst   not until, first
    erstaunt   astonished
    erstehen, a, a   buy
das erste Mal   first time
    erstens   first of all
    erstklassig   first class
    erwachsen, u, a   grow up
der Erwachsene, -n   adult
    erwacht   awake
sich erwählen   choose for oneself
    erwähnen   mention
    erwarten   expect
    erwerben, a, o   acquire
    erwidern   reply, return
    erwischen   catch
    erwürgen   strangle
    erzählen   tell, narrate
der Erzähler   narrator
    erziehen, o, o   educate
die Esse, -n   forge, chimney
    essen, a, e   eat
die Etage, -n   floor
    etliche   several
    etwa   approximate
    etwas   something, somewhat
    ewig   eternal, forever
    exportieren   export
das Exzem, -e   eczema

F

die Fabel, -n   fable
die Fabrik, -en   factory
die Fabrikation, -en   processing
der Fachmann, (-leute)   expert
    fähig (zu)   capable (of)
die Fahne, -n   flag
    fahren, u, a   drive, go
der Fahrer, -   driver
die Fahrkarte, -n   ticket

die Fahrt, -en   trip, journey
    freie Fahrt   all clear
das Fahrzeug, -e   vehicle
der Fall, ⸚e   case
die Falle, -n   trap
    fallen, ie, a   fall
    falsch   wrong
die Familie, -n   family
der Fang, ⸚e   catch
sich fangen, i, a   take hold
der Farbfilm, -e   color film
    fassen   comprehend
die Fassung, -en   composure
    fast   almost
    faul   rotten, bad, lazy
der Faulenzerposten, -   lazy man's job
die Faust, ⸚e   fist
der Fausthieb, -e   punch
    fehlen   lack, be missing
    feierlich   solemn
    feiern   celebrate
    feindselig   hostile
das Feld, -er   field
das Fenster, -   window
die Ferien *(pl.)*   vacation
die Ferne, -n   distance
    fertig   finished
    fertig-stellen   finish
    fertig-werden, u, o   manage, handle
    fesseln   shackle
    fest   firm
sich fest-halten, ie, a   steady oneself
    fest-klemmen   clamp fast
    fett   fat
der Fetzen, -   scrap
    feucht   moist
die Feuchtigkeit, -en   moisture
das Feuer, -   light, fire
die Feuerbüchse, -n   firebox
die Feuertür, -en   fire door
das Feuerwerk, -e   fireworks

WÖRTERVERZEICHNIS

das	**Feuerzeug, -e**	lighter
das	**Fieber, -**	fever
	fiebern	be feverish
die	**Figur, -en**	figure
der	**Film, -e**	film
	finden, a, u	find
sich	**finden, a, u**	turn up
der	**Finger, -**	finger
	finster	dark
das	**Fischerboot, -e**	fishing boat
der	**Fischermann, (-leute)**	fisherman
die	**Fischermütze, -n**	fishing cap
die	**Flasche, -n**	bottle
sich	**flecken**	get spotted
das	**Fleisch, -**	meat
	fleißig	industrious
die	**Fliege, -n**	fly
	fliegen, o, o	fly
das	**Fliegenfangen**	catching flies
die	**Fliegenjagd, -en**	fly hunt
die	**Fliegenpatsche, -n**	fly swatter
	fliehen, o, o	flee
	fließen, o, o	flow
	flink	brisk, swift
	fluchen	curse
die	**Flucht, -en**	flight, escape
	flüchten	flee
	flüchtig	slight, hurried, hasty
der	**Flügel, -**	wing
	flüstern	whisper
die	**Flut, -en**	flood, high tide
	folgen	follow
	folglich	consequently
der	**Fond, -s**	back of a car
	fordern	demand
	fördern	encourage, be beneficial (to)
die	**Formel, -n**	formula
	forsch	racy
	fort	away
sich	**fort-bewegen**	propel
	fort-fahren, u, a	continue
	fort-spülen	wash away
	fortwährend	continuous
der	**Fotoapparat, -e**	camera
	fotografieren	photograph
der	**Frachter, -**	freighter
die	**Frage, -n**	question
	fragen	ask
	fragen (nach)	inquire (about)
die	**Fragerei, -en**	questioning
(das)	**Frankreich**	France
	französich *(adj.)*	French
der	**Fraß, -e**	slop, feed
die	**Frau, -en**	woman
	frei	free, open
	freigebig	generous
	freilich	to be sure
der	**Fremde, -n**	stranger
	fressen, a, e	eat (used of beasts)
sich	**freuen**	be glad, happy
sich	**freuen (auf)**	look forward (to)
der	**Freund, -e**	friend
die	**Freundin, -nen**	girl friend
	freundlich	friendly
die	**Freundlichkeit, -en**	friendliness
	friedlich	peaceful
	frisch	fresh
die	**Frist, -en**	respite, time
	froh	glad
	fröhlich	merry, cheerful
der	**Frosch, ⸚e**	frog
	früh	early
	früher	earlier, at one time
das	**Frühstück, -e**	breakfast
der	**Fuchs, ⸚e**	fox
sich	**fühlen**	feel
	führen	lead, carry on
der	**Führerschein, -e**	driver's license
	füllen	fill
der	**Funk, -**	radio

die Furche, -n furrow
furchtbar terrible
fürchten fear
sich fürchten (vor) be afraid (of)
furchtsam fearful
futsch gone

G

gähnen yawn
die Galerie, -n gallery
der Galeriebesitzer, - gallery owner
gallopieren gallop
der Gang, ¨e hallway, gear
die Gans, ¨e goose
ganz quite, entirely, very
gänzlich entirely
gar cooked, well done
gar nicht not at all
das Gartentor, -e garden gate
die Gärung, -en fermentation
die Gasse, -n alley
der Gast, ¨e guest
der Gastgeber, - host
der Gatte, -n husband
die Gattin, -nen wife
geachtet respected
sich gebärden behave
geben, a, e give
es gibt there is, there are
die Hand geben shake hands
sich geben, a, e feign to be, act
das Gebiß, -sse set of teeth
geblümt flowery
der Gebrauch, ¨e use
das Gebrüll howling
der Geburtstag, -e birthday
das Gebüsch, -e underbrush
der Gedanke, -n thought
Gedanken fördern be beneficial to thinking

das Gedicht, -e poem
gedrillt drilled
die Geduld patience
die Gefahr, -en danger
gefallen, ie, a like
gefälligst if you please
das Gefängnis, -se jail
gefärbt bleached, dyed
gefesselt fastened
gegen against, for, into
die Gegend, -en area
gegenseitig mutual
das Geheimnis, -se secret
gehen, i, a go, walk
gehen um be concerned about
gehören belong to
gehörig suitable
die Geisel, -n hostage
der Geist, -er spirit
der Geizhals, ¨e miser
geklaut stolen
gekleidet dressed
gekrempelt rolled up
geladen loaded
das Gelände countryside
gelangweilt bored
gelassen deliberate
gelb yellow
das Geld, -er money
der Geldeswert, -e monetary value
die Gelegenheit, -en opportunity
gelingen, a, u succeed, work out
gelten, a, o be valued
gelten (als) be considered (as)
gemeinhin usual
gemeinsam joint, together
genau exact
genehmigen approve
geniert embarrassed
geniessen, o, o enjoy

WÖRTERVERZEICHNIS

    genug enough
    geordnet ordered
    gerade exactly, just
    geradeaus straight ahead
    geradezu exactly, straight away
    geraten, ie, a get into, turn out
        ins Lachen geraten break into laughter
    geraubt stolen
das **Geräusch, -e** noise
die **Gerechtigkeit, -en** justice
    gereizt irritated
die **Gereiztheit, -en** irritation
das **Gericht, -e** court
    gerichtet pointed
das **Gerichtsgebäude, -** courthouse
im **Geringsten** in the least
    gern (e) gladly
    gesattelt saddled
das **Geschäft, -e** business
    geschehen, a, e happen
das **Geschehene, -** what had happened
die **Geschichte, -n** story, history
    geschickt skilled
    geschlossen closed
    geschnitzt carved
    geschützt protected
die **Geschwindigkeit, -en** speed
die **Gesellschaft, -en** company
    gesetzlich lawful
das **Gesicht, -er** face
der **Gesichtsausdruck, ⸚e** facial expression
    gesittet properly
das **Gespräch, -e** conversation
    gestatten permit
    gestern yesterday
das **Gesuchte, -** the thing someone is looking for
das **Gesumm, -** buzzing

    gesund healthy
der **Getreidespeicher, -** granary
    getreu faithful
    getrost with good cheer
    gewagt daring
die **Gewalt, -en** power
    in der Gewalt under control
    gewaltig powerful
    gewickelt wrapped
    gewiß certain
das **Gewissen, -** conscience
    gewissenhaft conscientious
    gewöhnlich usual, common
    gewohnt used to
das **Gezeter, -** clamor
das **Gift, -e** poison
der **Gischt, -** foam
    glänzen gleam
    glänzend splendid
das **Glas, ⸚er** glass
    glatt smooth
    glauben believe
    gleich equal, right away
    gleichen, i, i be similar
    gleichzeitig at the same time
    glitschen slide, slip
die **Glocke, -en** bell
das **Glück** fortune, luck
    Glück haben be lucky
    glücklich happy, auspicious
    glühend glowing
    gnädig gracious
    gnädige Frau madame
    golden golden
der **Goldfisch, -e** goldfish
der **Gott, ⸚er** God
    Gott sei Dank thank god
    gottergeben resigned to God's will
    graben, u, a dig
    grau grey, remote
    grausam cruel
    greifen, i, i reach, catch

greifen nach   reach for
der Grieche, -n   Greek (man)
grinsen   grin, smirk
grob   coarse, rough
groß   big
großartig   marvelous
größtenteils   primarily
die Grube, -n   ditch
grün   green
der Grund, ⸚e   reason, ground
  im Grunde   basically
die Gruppe, -n   group
grüßen   greet
gucken   look
gültig   valid
günstig   favorable
der Gurt, -e   belt
der Gürtel, -   belt
gut   good
  sein Gutes   its good side
das Gut, ⸚er   property
gütig   kind

H

das Haar, -e   hair
  ums Haar   by a hair's breadth
die Haarbürste   crew cut
haben   have
  was hast du denn?   what's the matter?
der Hafen, ⸚   harbor
hager   thin, lean
der Hai, -e   shark
halb   half
der Halbkreis, -e   half circle
die Hälfte, -n   half
der Hals, ⸚e   neck
die Halskette, -n   necklace
halten, ie, a   keep, hold, stop
  halten für   consider
sich halten   stay

die Haltung, -en   attitude
die Hand, ⸚e   hand
die Handfläche, -n   palm
der Handschuh, -e   glove
das Handtuch, ⸚er   towel
handeln   act
der Handelshof, ⸚e   commercial place
das Händeschütteln   shaking of hands
der Handgriff, -e   manipulation
die Handlung, -en   action
hängen, i, a   hang
  hängen an   be attached to
hart   hard
hassen   hate
häßlich   ugly
hastig   hasty
die Hauptsache, -n   chief item
das Haus, ⸚er   house
der Hausbesitzer, -   home owner, landlord
der Hausbesuch, -e   house call
der Hausbewohner, -   inhabitant, resident
die Haut, ⸚e   skin
der Hebel, -   lever
heben, o, o   lift, raise
sich heben, o, o   rise
die Hecke, -n   hedge
das Heckfenster, -   back window
heftig   vigorous, fierce
die Heimat   homeland, home
die Heimkehr   homecoming
heim-kehren   return home
heimlich   secret
das Heimweh   homesickness, longing
heiraten   get married
heiß   hot
heißen, ie, ei   be called, mean
  das heißt   that is
heizen   stoke

der **Heizer**, - fireman, stoker
der **Held**, -en hero
    helfen, a, o help
    hell bright, light
    hellblau light blue
das **Hemd**, -en shirt
der **Hemdsärmel**, - shirt sleeve
der **Henker**, - executioner
    herab-fallen, ie, a fall down
    herab-schießen, o, o race down
    heran-wachsen, u, a grow up
    herauf-rufen, ie, u call up
    heraus out
    heraus-bekommen, a, o find out
    heraus-finden, a, u find out
    heraus-springen, a, u jump out
sich **heraus-stellen** turn out
    heraus-strecken stick out
    heraus-ziehen, o, o pull out
    herbei-läuten summon by ringing
    herbei-winken motion to come, beckon
    hereinrollend rolling in
    her-kommen, a, o come from
der **Herr**, -en gentleman, lord
    herrlich glorious
    her-rühren result
    her-schicken send (here)
    her-schieben, o, o push
        vor sich her-schieben push
    herum-kommen, a, o get around
    herum-kriechen, o, o crawl around
    herum-stochern poke about
    herum-streiten, i, i quarrel
    herum-tauchen dive around
sich **herum-treiben, ie, ie** rove about

sich **herum-wälzen** roll around
    hervor-holen fetch
    hervor-quellen, o, o pop out
    hervor-treten, a, e step out
    hervor-ziehen, o, o pull out
das **Herz**, -en heart
    herzensgut kind
    herzlich loving
    heute today
    hier here
    hierzulande in this country
    hilflos helpless
der **Himmel**, - sky, heaven
das **Hin und Her** back and forth, commotion
    hinab-rennen, a, a run down
    hinauf-laufen, ie, au run up
    hinaus out
    hinaus-springen, a, u jump out
    hindern prevent
das **Hindernis**, -se obstacle
    hindurch through
    hingegen on the other hand
    hin-gehen, i, a approach, go there
    hingestreckt decked
    hin-halten, ie, a hold out to
sich **hin-legen** lie down
    hin-schauen look
das **Hinsehen** looking
vor sich **hin-sinnen** meditate
    hinten to the back
    hinter behind
    hinterher afterwards
    hinter-lassen, ie, a leave behind
    hinüber-rufen, ie, u call over
    hin-weisen (auf) ie, ie refer (to)
die **Hitze** heat
    hoch high, noble
das **Hochhaus**, ⸚er tall building
    hochherzig noble

       hoch-raffen   gather
       hoch-ragen   tower high
         (over)
       hoch-springen, a, u   jump
         high
       hocken   crouch
der   Hof, ⸚e   court, courtyard
         den Hof machen   pay
           court
       hoffen (auf)   hope (for)
       hoffentlich   it's to be hoped
die   Hoffnung, -en   hope
       höflich   polite
die   Höflichkeit, -en   politeness
       holen   fetch, get
das   Holz, ⸚er   wood
       hops   gone
       horchen (auf)   listen (to)
       hören   hear
der   Hörer, -   receiver
der   Horizont, -e   horizon
die   Hornisse, -n   hornet
die   Hosen *(pl.)*   pants
die   Hosentasche, -n   trouser
         pocket
       hübsch   pretty
der   Hubschrauber, -   helicopter
die   Hüfte, -n   hip
der   Hummer, -   lobster
der   Hund, -e   dog
       hundert   hundred
       hundertmal   a hundred times
       hungrig   hungry
       husten   cough
der   Hut, ⸚e   hat

I

die   Idee, -n   idea
       idyllisch   idyllic
       ihnen   (to) them
       immer   always
       immerhin   after all
       immer noch   still

       immer wieder   again and
         again
       immerzu   always, constantly,
         all the time
       in   in, into
       indem   while, by
       indessen   in the meantime
       ineinander   into one another
       infolge   as a result of
       innen   on the inside
die   Innenseite, -n   inside
       innerhalb   within
       innerlich   inward
der   Insasse, -n   passenger
das   Insekt, -en   insect
die   Insel, -n   island
       insgesamt   altogether
       in wieweit   in what respect
       inzwischen   in the meantime
       irgend   any, some
         irgendein   any, some
         irgendetwas   something or
           other
         irgendwie   somehow
         irgendwo   somewhere
sich irren   be wrong
der   Irrtum, ⸚er   mistake

J

       ja   to be sure
die   Jacke, -n   coat
die   Jagd, -en   hunt
         die Jagd auf   hunt for
       jagen   drive
der   Jäger, -   hunter
       jäh   quick, sudden
das   Jahr, -e   year
der   Jaspis, -se   jasper
       jaulen   howl
       je   ever, each
       jedenfalls   at any rate
       jeder   each, anyone

	jedesmal	each time, always		kein ... mehr	no ... more
	jedoch	however		keiner	no one
	jemand	someone		keineswegs	by no means
	jener	that, the former, he		kennen, a, a	know
	jenseits	beyond	das	Kerbtier, -e	insect
	jetzt	now	der	Kerl, -e	fellow
die	Jugend	youth		kernig	hearty
	jung	young	der	Kessel, -	boiler
der	Junge, -en	boy		keuchen	pant, gasp
die	Jungenstimme, -n boy's voice			kichern	giggle
	juristisch	legal	das	Kind, -er	child
			die	Kinderstimme, -n child's voice	
				kindisch	childish

K

			das	Kinn, -e	chin
der	Kalender, -	calendar	der	Kinnhaken, -	uppercut
	kalt	cold	die	Klage, -n	complaint, suit
die	Kälte	cold		klappen	work out
	kämmen	comb		klapprig	rickety
die	Kammer, -n	chamber, room	der	Klappschemel, -	folding stool
der	Kampf, ⸚e	struggle		klar	clear
	kämpfen	fight	die	Klasse, -n	class
	kanarigelb	canary yellow	der	Klassekerl, -e	classy guy
die	Kante, -n	edge		klassisch	classical, classic
	kantig	sharp-edged		klatschen	clap
	kapieren	grasp	das	Kleid, -er	dress
das	Kapital, ⸚er	capital, principal	die	Kleidung, -en	clothing
die	Karte, -n	card		klein	small
die	Kartei, -en	card file	die	Kleinigkeit, -en	bite, snack, little something
der	Käse	cheese		klettern	climb
das	Kaseïn	cheese protein	die	Klingel, -n	doorbell
die	Käsesorte, -n	type of cheese		klingen, a, u	sound
der	Katalog, -e	catalog		klopfen	pat, pound, bump
die	Katze, -n	cat		knackend	cracking
der	Katzenkopf	box on the head		knapp	brief
	kaufen	buy		kneifen	pinch
der	Kaufmann, (-leute) merchant, businessman		das	Knie, -	knee
	kaum	hardly		knien	kneel
die	Kehle, -n	throat		knisternd	crackling
die	Kehre, -n	turn	der	Knöchel, -	knuckle
	kein	no	das	Knopfloch, ⸚er	buttonhole

kochen   cook
die Kohle, -n   coal
kollern   rave
kolonial   colonial
die Kolonie, -n   colony
komisch   funny, strange
der Kommandeur, -e   commander
kommen, a, o   come
das Kompliment, -e   compliment
der König, -e   king
können   can, be able to
konservieren   preserve
das Konto, -en   account
die Kontrolle, -n   control
kontrollieren   check
der Kopf, ⸚e   head
das Kopfkissen, -   pillow
das Kopfnicken   nodding the head
das Kopfschütteln   shaking the head
der Korb, ⸚e   basket
der Körper, -   body
der Korridor, -e   corridor
sich korrigieren   make a correction
der Kosmos   cosmos
die Kostbarkeit, -en   object of value
die Kosten *(pl.)*   costs, charges
köstlich   precious
krachen   crash
kräftig   strong
krähen   crow, coo
der Krankenwagen, -   ambulance
die Krankheit, -en   illness
kreisen   circle
das Kreuz, -e   cross
kriegen   get, receive
kriminell   criminal
der Kritiker, -   critic
kühl   cool
das Kühlhaus, ⸚er   cold storage

das Kullerauge, -n   innocent eye
das Kulturamt, ⸚er   ministry of culture
sich kümmern um   concern oneself about
die Kümmernis, -se   grief, sorrow
der Kunde, -n   customer
kundig   skillful, expert
der Kunstgegenstand, ⸚e   object of art
kunstgerecht   skillful
das Kunststück, -e   feat, trick
der Kurier, -e   courier
die Kurve, -n   curve
kurz   short
kurzsichtig   nearsighted
kurzum   in short, in brief
der Kuß, ⸚sse   kiss
küssen   kiss
die Küste, -n   coast
der Kutter, -   cutter

L

lächeln   smile
das Lächeln   smile
das Lachen   laughter
ins Lachen geraten   break into laughter
lächerlich   ridiculous
das Lachsrecht, -e   salmon fishing license
die Lage, -n   position, situation
der Lakai, -en   flunky
das Land, ⸚er   country, land
landeinwärts   inland
die Landessprache, -n   native language
die Landschaft, -en   landscape
lang   long
lange   for a long time
langsam   slow
längst   long since, long ago

längstens long since
langweilig boring
der Lappen, - rag
lassen, ie, a let, leave
lässig nonchalant
lauernd wary
der Lauf, ̈e course
laufen, ie, au run
die Laufrichtung, -en direction
die Laune, -n mood
laut loud
läuten ring, peal
lauter only, nothing but
das Leben life
leblos lifeless
leer empty
legen lay, put
sich lehnen lean
der Leib, -er body
der Leibwächter, - bodyguard
die Leiche, -n corpse
leicht light, easy
leichtsinnig careless
leiden, i, i suffer
leider unfortunate
leidig nasty
leihen, ie, ie lend
leise soft, slight
sich leisten afford
das Lenkrad, ̈er steering wheel
lernen learn
lesen, a, e read
letzt- last
leuchten shine
leuchtend luminous
die Leute (pl.) people
das Lexikon, -ka encyclopedia
das Licht, -er light
lieb dear
mein Lieber my dear boy
am liebsten best of all
lieben love
sich lieben love one another, make love

liebenswert amiable
der Liebling, -e darling
liederlich slovenly
liegen, a, e lie
link- left
links to the left
die Lippe, -n lip
die Liste, -n list
das Lob, -e praise
das Loch, ̈er hole
löchern bother
locken entice
lockend enticing
sich lohnen be worth it
die Lokomotive, -n locomotive
der Lokomotivführer, - engineer
los away, off
  los sein be the matter
  los werden get rid of
los-brechen, a, o break loose
löschen extinguish, put out
lose loose
lösen loosen
los-knüpfen unsnap
los-lassen, ie, a let go
die Lösung, -en solution
die Luft, ̈e air
  Luft holen take a breath of air
lüften reveal, disclose
lugen peer
lügen, o, o lie
der Lümmel, - lout
die Lust, ̈e joy
  Lust haben be in the mood
lustig merry

M

machen make, do
mächtig mighty
machtlos powerless

der Magen, ⸚ stomach
mager skinny
sich mahlen grind
die Makrele, -n mackerel
mal once
mal mehr once more
das Mal, -e time
mit einem Mal suddenly, at once
zum ersten Mal for the first time
malen paint
die Malerin, -nen woman painter
malerisch picturesque
man one, you
mancher many a
manchmal sometimes
der Mangel, ⸚ lack, deficiency
die Manie, -n mania
der Mann, ⸚er man
das Mannesalter, - years of manhood
das Manometer, - steam gauge
die Manteltasche, -n coat pocket
die Marinadenfabrik, -en fish cannery
die Marmelade, -n marmelade
marschieren march
die Maschine, -n machine
das Maschinengewehr, -e machine gun
der Massenmörder, - mass murderer
massieren massage
mäßig moderate
maßlos boundless
das Material, -e material
die Mauer, -n wall
die Maulbeere, -n mulberry
der Maulesel, - mule
der Maurer, - mason
die Maus, ⸚e mouse
der Mechaniker, - mechanic
das Meer, -e sea

mehr more, longer
mehrer- several
mehrfach manifold
mehrmals several times
meiden, ie, ie avoid
meinen think, say
die Meinung, -en opinion
die Meinungsverschiedenheit, -en difference of opinion
meist most
am meisten best
meistens usually
der Meister, - master
melden indicate, report
sich melden answer, report
die Meldung, -en message
die Menge, -n lot of, crowd
der Mensch, -en man
das Menschengeschlecht mankind
menschlich human
merken notice
sich merken remember
merkwürdig peculiar, remarkable
meßbar measurable
das Messer, - knife
messerscharf sharp as a knife
das Messing brass
metallisch metal
das Metier, -s business, craft
miauen meow
die Miene, -n facial expression
die Miete, -n rent
mieten rent
das Mikrophon, -e microphone
die Milch milk
milchig milk-like
mindestens at least
der Minister, - cabinet member
der Ministerialrat, ⸚e senior government official
das Ministerium -en government department
die Minute, -n minute

WÖRTERVERZEICHNIS 161

    mischen mix
sich mischen (in) get mixed up (in), pry (into)
    mißbilligend disapprovingly
die Mißbilligung, -en disapproval
der Mißerfolg, -e failure
    mißgelaunt ill-humored
das Mißgeschick, -e misfortune
    mißlingen, a, u fail
das Mißverständnis, -se misunderstanding
    mit with, along, containing
    miteinander with one another
    mitgenommen devastated
das Mitglied, -er member
der Mitreisende, -n fellow traveler
    mitsamt together with
der Mittag, -e noon hour
die Mitte middle
    mit-teilen communicate
die Mitteilung, -en information, announcement
das Mittel, - means
    mittelgroß middle-sized
das Mittelmeer Mediterranean Sea
    mittels by means of
    mitten in in the middle of
    mittlerweile in the meantime
    möchten would like
die Mode, -n fashion
    mögen, o, o may, like
    möglich possible
die Möglichkeit, -en possibility
    möglichst possibly
die Mole, -n pier
die Molke, -n whey
der Moment, -e moment
der Monat, -e month
    monatelang for months
der Mord, -e murder

die Mordgelegenheit, -en opportunity to murder
der Morgen, - morning
das Morgenland Orient
der Morgenrock, ⸚e robe
    morgens in the morning
der Mörtel, - mortar
der Motor, -en engine
die Möwe, -n seagull
der Müde, -n tired man
die Mühe, -n effort, trouble
    mühelos effortless
    mühevoll laborious
    multiplizieren multiply
der Mund, ⸚er mouth
die Mündung, -en muzzle
    munter cheerful
die Münze, -n coin
    mürbe worn out
    murmeln mumble, mutter
    mürrisch sulky
die Musikmühle, -n music box
der Muskel, -n muscle
    müssen must, have to
    mustern examine
der Mut courage
die Mutter, ⸚ mother
die Mütze, -n cap

N

    na well, come on
    nach to, after, toward, at, according to
    nach unten down
    nach-ahmen imitate
der Nachbar, -n neighbor
die Nachbarschaft, -en neighborhood
    nach-bezahlen pay extra
    nach-denken, a, a reflect
das Nachdenken reflection, thought
    nachdenklich thoughtful

der Nachdruck, -e emphasis
nach-erzählen retell
die Nachfrage, -n request
nach-fragen inquire
nach-geben, a, e give in
nach-glühen continue to glow
der Nachhauseweg the way home
nach-helfen, a, o help along
nachher afterwards
nach-kommen, a, o follow
nach-lassen, ie, a cease, loosen
der Nachmittag, -e afternoon
nach-polieren polish over
nach-prüfen check
nach-schicken forward
der Nachschub, ⸚e fresh supply
nach-sehen, a, e check
nachsichtig indulgent
nach-sinnen, a, o reflect, meditate
das Nachspiel, -e epilogue
nächst- next
nach-starren stare after
die Nacht, ⸚e night
der Nachtkellner, - night waiter
nächtlicherweise during the night
nachträglich subsequent
nachweisbar traceable
nach-ziehen, o, o pencil in, require
der Nacken, - back of the neck
nackt naked
die Nadelkurve, -n hairpin turn
nagen gnaw
nahe near
die Nähe vicinity
näher closer
nähern move closer
sich nähern approach
näher-rücken move closer

nähren nourish
das Nährmittel, - food stuff
der Nährwert, -e nutritive value
die Nahrung food
der Name, -n name
namens by the name of
die Namensverwechslung, -en mixup of names
nämlich you see, namely
der Narr, -en fool
die Nase, -n nose
das Nasenloch, ⸚er nostril
naß wet
natürlich of course
der Nebel, - fog
neben next to
nebenbei incidental
negativ negative
der Neger, - black man
nehmen, a, o take
sich nehmen take
der Neid envy
sich neigen incline, droop
die Nelke, -n carnation
nennen, a, a call, name
nennenswert noteworthy
der Nerv, -en nerve
das Nervensystem, -e nervous system
die Nervosität nervousness
nett nice
neu new
aufs neue again
von neuem again
neuerlich again, repeated
neugelernt recently acquired
die Neugier curiosity
die Neugierde, -n curiosity
neugierig curious
die Neuheit, -en novelty
neun nine
nicht not

        nicht einmal not even
        nicht mehr no longer
        nicht wahr? isn't it? don't you?
die Nichte, -n niece
        nichts nothing
        nichts wie nothing but
das Nichts nothingness
        nicken nod
        nie never
        nieder down
        nieder-drücken press down
        niedergeschlagen dejected
sich nieder-lassen, ie, a alight, sit down
        nieder-plumpsen fall down with a plump (plump down)
        nieder-reißen, i, i tear down
        nieder-schlagen, u, a hit, knock down
        niederschmetternd crushing, overwhelming
sich nieder-setzen sit down, alight
        nieder-walzen roll flat
        niedlich dainty
        niemals never
        niemand no one
die Niere, -n kidney
        nirgendwo nowhere
        noch still, yet
          noch einmal once more
          noch nicht not yet
        nochmals again
die Note, -n grade
        nötig necessary
die Notiz, -en notice, note
          Notiz nehmen take note
der Notruf, -e emergency call
das Nu instant
          im Nu in an instant, now
        nun now
        nunmehr now
        nur only
        nuscheln mumble
        nützlich useful

O

        obdachlos homeless
        oben above, up
        oberhalb above
die Oberlippe, -n upper lip
der Oberst, -en colonel
        obwohl although
        öde desolate
        oder or
        offenbar apparent, obvious
        offensichtlich apparent, obvious
das Office, -s office
die Öffnung, -en opening
        oft often
        ohnehin anyway
        ohnmächtig unconscious
die Ohrfeige, -n box on the ear, smack
die Ölsardine, -n sardine
        operieren operate
der Opernsänger, - opera singer
das Opfer, - victim
das Orchester, - orchestra
der Orden, - medal
        ordentlich decent
        ordnen arrange
der Orient Orient
        originell original
der Ortsausgang, ⸚e town exit

P

das Paar, -e couple, pair
das Päckchen, - small package
die Packung, -en wrapper
das Palais palace

der Papierkorb, ⸚e wastepaper basket
der Parkplatz, ⸚e parking lot
der Passagier, -e passenger
passend suitable
passieren happen, pass
passioniert impassioned
die Patrone, -n cartridge
pauschal lump sum
pedantisch pedantic
peinigen hurt
die Pelzmütze, -n fur cap
pendeln swing
die Perle, -n bead
die Persönlichkeit, -en personality
die Petition, -en petition
der Pfad, -e path
pfeifen, i, i whistle
sich pflanzen plant oneself
das Pflaster, - pavement
die Pflege, -n care
pflegen care for
sich pflegen tend to
die Pflicht, -en duty
pflügen plow
die Pforte, -n portal, gate
das Pförtnerhaus gatekeeper's house
phantasieren be delirious
phantastisch fantastic, fanciful
der Photoblitz, -e flashbulb
der Pilot, -en pilot
der Pistolenlauf, ⸚e barrel
das Plaid plaid blanket
das Plakat, -e poster
der Plan, ⸚e plan
die Platane, -n plane tree
die Platte, -n record
der Plattenspieler, - record player
der Platzregen, - cloudburst
polieren polish
die Politik politics

der Polizeibericht, -e police report
polnisch (adj.) Polish
die Polsterung, -en upholstery
die Portiersuniform, -en doorman's uniform
der Porzellanladen, ⸚ china store
die Post mail
das Postamt, ⸚er post office
der Posten, - position
prächtig magnificent, great
prallen bounce
präzis precise
preisen praise
preis-geben, a, e reveal
die Priorität, -en priority
probieren try
das Programm, -e program
der Protest, -e protest
das Protokoll, -e report
der Prozess, -e trial
prüfen examine
prüfen auf test for
prüfend critical
prügeln thrash
die Pubertät, -en puberty, childhood
die Pulsader, -n artery
pulsieren pulsate
der Punkt, -e point
pur sheer
purzeln tumble
der Putz plaster

Q

quälen torment, pester
qualvoll very painful
der Qualm smoke
das Quartier, -s quarter
quasi so to speak
quer across

quetschen crush
das Quietschen screeching

R

die Rache revenge
sich rächen take revenge
das Rad, ⸚er wheel
   raffen gather
   raffiniert cunning, crafty
der Rahmen, - frame
   rammen ram
der Rand, ⸚er margin
   rangieren shunt
   rasch quickly
   rasen race
   rasend enraged
das Rasieren shaving
der Rat advice
   ratlos helpless
die Ratlosigkeit, -en bewilderment
die Ratte, -n rat
das Rattengift, -e rat poison
   rauchig smoky
die Rauchsucht, ⸚e nicotine addiction
der Raum, ⸚e room, space
   reagieren (auf) react (to)
der Rechenautomat, -en computer
   rechnen reckon, count on
   rechnen mit be prepared for
die Rechnung, -en bill
   recht right
      jdm. recht geben agree with someone
      jdm. recht sein be okay with someone
   rechtfertigen justify
   rechtmäßig legitimate
die Redensart, -en cliché, commonplace saying

die Redewendung, -en idiom
   reflektieren reflect
   rege lively
die Regel, -n rule, regulation
   regeln regulate, fix
der Regen rain
der Regenmantel, ⸚ raincoat
der Regenwurm, ⸚er earthworm
   regnen rain
die Reihe, -n row
das Reihenhaus, ⸚er townhouse
   rein clean
sich reinigen cleanse oneself
   rein-kommen, a, o come in
die Reise, -n trip
   reisen travel
der Reisende, -n traveler
der Reisevertreter, - traveling salesman
   reißen, i, i plunge, tear
der Reiz, -e charm
   reizen excite, provoke
das Reklamelicht, -er neon light
   rekonstruieren reconstruct
der Religionslehrer, - teacher of religion
   reservieren reserve
   resignieren resign
die Rettung, -en rescue
die Reue remorse
   rhetorisch rhetorical
   richten to direct
der Richter, - judge
die Richtung, -en direction
      in Richtung auf in the direction of
   riechen, o, o smell
der Riese, -n giant
   riesenhaft immense
   ringen, a, u wrestle
das Rinnsal, -e rivulet
die Rippe, -n rib
das Risiko, -en risk
   riskieren risk

die Ritze, -n crack
das Rohr, -e barrel
die Rolle, -n role, part
der Roman, -e novel
die Rosine, -n raisin
    Rosinen im Kopf haben
      have big ideas
der Rost rust
    rostig rusty
    rot red
    rotierend rotating
    rötlich reddish
der Ruck, -e jerk
    ruckartig jerking
    rücken move, proceed
der Rückfall, ⸚e relapse, reversion
die Rückseite, -n back
die Rücksicht, -en consideration
    rücksichtslos inconsiderate
der Rücksitz, -e back seat
die Ruhe quiet
    in Ruhe lassen leave alone
    sich zur Ruhe setzen retire
    ruhen rest
der Ruhm fame
    rühren move
sich rühren stir
    rührend touching, coming into contact
    ruinieren ruin
das Rumoren rumble
die Runde, -n round
    rundum around
der Rundfunk radio
    russisch *(adj.)* Russian
    rütteln shake

S

der Säbel, - sabre
die Sache, -n thing
    sachlich objective, matter of fact
    saftig juicy
die Salbe, -n salve
    sammeln collect
der Samstag, -e Saturday
    samt along, with
der Samt velvet
die Sandale, -n sandal
    sanft soft
    satteln saddle
die Sauberkeit cleanliness
    saufen, o, o drink
    saugen suck
das Sauwetter filthy weather
die Schachtel, -n pack, package
    schade too bad
der Schädel, - skull
der Schaden, ⸚ damage, harm
    schadhaft decayed
das Schaf, -e sheep
    schaffen do, make, bring
die Scham shame
die Schande disgrace
das Scharnier, -e hinge
der Schatten, - shadow
    schätzen treasure
    schauen look
das Schaufenster, - show window
der Schaukelstuhl, ⸚e rocking chair
das Schaumbläschen, - soap bubble
das Schauspiel, -e attraction
sich scheiden lassen get a divorce
die Scheidung, -en divorce
die Scheidungsklage, -n divorce suit
der Scheinwerfer, - headlight, searchlight
    schelmisch roguish
der Schenkel, - thigh
    schenken give
    scheu shy

WÖRTERVERZEICHNIS 167

      scheuern rub
      schicken send
sich schieben, o, o move forward
      schier simply
das **Schild, -er** sign
      schimmernd gleaming
      schimpfen scold, shout, complain
die **Schläfe, -n** temple
      schlaflos sleepless
      schlagen, u, a hit
        schlagen auf slap
        schlagen nach hit at
der **Schlager, -** hit song
der **Schlagrahm** whipping cream
die **Schlagzeile, -n** headline
der **Schlamassel, -** mess
die **Schlange, -n** snake
      schlank slim
      schlapp limp
      schlecht bad
        schlecht werden get sick
      schleichen, i, i sneak
das **Schleichen** slinking
      schleudern cast, throw, hurl
      schließlich after all, finally
      schlimm bad
das **Schluchzen** sobbing
der **Schluck, -e** swig
      schlucken swallow
      schlüpfen slip
der **Schlüssel, -** key
das **Schlüsselloch, ¨er** keyhole
das **Schlüsselwort, ¨er** key word
die **Schmach, -** disgrace
      schmal slender
      schmalzend cooing
      schmatzend smacking
      schmecken taste (good)
      schmeichelnd flattering
      schmelzen, o, o melt
      schmerzen hurt
      schmerzlich painful
sich schmiegen cling to, fit close to

      schmucklos unadorned
der **Schmutzfink, -en** dirty rat
der **Schnaps, ¨e** liquor
die **Schnapsidee, -n** crazy notion
der **Schnee** snow
das **Schneegestöber** snow flurry
      schneidend cutting
der **Schneider, -** tailor
      schneidig sharp
der **Schnitt, -e** cut, slash
der **Schnorchel, -** snorkel
der **Schnurrbart, ¨e** moustache
      schnurren purr
      schockiert shocked
das **Schönschreiben** penmanship
die **Schonung, -en** forbearance, mercy, lenience
      schräg-legen tilt
      schrammen scrape
der **Schrank, ¨e** cabinet, wardrobe
die **Schranke, -n** railroad crossing
sich schrecken be frightened
der **Schrecken, -** shock
      schreckhaft frightened
      schreiben, ie, ie write
das **Schreiben, -** letter
der **Schreibtisch, -e** desk
der **Schreiner, -** carpenter
die **Schrift, -en** handwriting
der **Schriftsteller, -** writer
      schrill shrill
die **Schublade, -n** drawer
      schüchtern shy
      schuften slave
die **Schuld, -en** fault, guilt
      schützen protect
der **Schutzmann, (-leute)** policeman
      schwach weak
      schwanger pregnant
die **Schwangerschaft, -en** pregnancy

schwanken sway
schwankend tottering
schwärmen swarm, rove
  schwärmen für adore, be enthusiastic about
schwarzgerändert black-rimmed
schwatzen chat
das Schweigen silence
schweigend silently
das Schwein, -e pig
die Schweinerei, -en mess
der Schweiß sweat
schweißig sweaty
schweißnaß sweaty, wet with perspiration
schwer-fallen, ie, a be difficult
schwerfällig clumsy
die Schwester, -n sister
der Schwiegersohn, ⸚e son-in-law
schwierig difficult
schwinden, a, u disappear
die Schwingtür, -en swinging door
schwitzend sweating
der Schwung, ⸚e swing
seelisch psychic, mental
segnen bless
sich sehen look at one another
die Sehnsucht, ⸚e longing
die Seife, -n soap
die Seinen one's family
seinerseits himself, on his side
seinetwegen for his sake
seit since, already
seitdem since
die Seite, -n side
  zur Seite bringen set aside
der Seitenblick, -e glance
die Seitenstraße, -n side street
seither since
seitwärts sideways

der Sekt champagne, wine
die Sekunde, -n second
selbst (selber) same, self
der Selbstmord, -e suicide
selbstgefällig complacent
selbstverständlich of course, self-evident
selig ecstatic
selten rare
sensibel sensitive
der Sessel, - easy chair
der Seufzer, - sigh
die Sicherheit, -en safety
sichernd protecting
das Sicherste the safest thing
der Sieg, -e victory
die Siegeszuversicht confidence of victory
silbern silver
simulieren simulate
simultan simultaneous
der Sinn, -e sense, meaning
  Sinn haben make sense, be meaningful
  in den Sinn kommen occur to
sinnen, a, o reflect, meditate
  sinnen auf devise, plot
sinnlich sensual
sinnlos senseless
die Sitte, -n custom
so . . . wie as . . . as, just
der Sockel, - base
soeben just
sofern in case
der Sog wake, undertow
sogar even
sogleich immediately
solch such
somit accordingly
der Sommerhimmel, - summer sky
sommers in the summer
sonderbar strange

sich sonnen sun oneself
der Sonnenschein sunshine
der Sonnenschirm, -e parasol
der Sonnenuntergang, ¨e sunset
sonnig sunny
der Sonntagvormittag, -e Sunday forenoon
sonst otherwise
sorgen um care for
sorgend concerned
sorgfältig careful
sorglich careful
sorgsam careful
sowohl ... als as well ... as
spähen glance, peer
der Spalt, -e crack, split
die Spalte, -n column
sich spannen stretch
die Spannung, -en tension, suspense
der Spargroschen savings
spassig funny
spätestens at the latest
der Spaziergang, ¨e walk
Spaziergang machen take a walk
der Speicher, - storeroom
das Speisezimmer, - dining room
die Sperre, -n gate
die Spiegelglasscheibe, -n plate glass window
spiegelglatt smooth as glass
das Spiel, -e game, play
spielerisch frivolous
der Spion, -e spy
das Spital, ¨er hospital
spitz pointed
die Sprache, -n language
zur Sprache kommen to be mentioned, come up for discussion
das Sprachgefühl, -e feeling for language
der Sprenkel, - speckle

das Springbrett, -er diving board
der Springbrunnen, - fountain
spröde harsh, hard
der Sprung, ¨e leap
spucken spit
spülen rinse
spurlos without a trace
der Staat, -en state
der Stadtplan, ¨e city map
der Stadtrat, ¨e town councillor
das Stadtviertel, - district
der Stall, ¨e stable
stammen von come from
stampfen stomp
standhalten, ie, a resist, hold one's own against
der Standpunkt, -e standpoint
statt instead of
stattdessen instead of that
statt-finden, a, u take place
stattlich stately
staunen be astonished
das Staunen amazement
stehen, a, a stand
zum Stehen kommen stop
steif stiff
steigend rising
der Steinboden, ¨ stone floor
steinern built from stone
die Stelle, -n place
die Stellung, -en position
sich stemmen plant oneself
der Stempel, - rubber stamp
stenographieren take shorthand
die Stenotypistin, -nen stenographer
das Sterbegebet, -e death prayer
der Stern, -e star
das Sternenfunkeln sparkling of stars, twinkling
die Steuer taxes
steuern steer

das	Steuerrad, ⸚er steering wheel		der	Strohsack, ⸚e sack of straw
die	Stewardeß, -ssen stewardess		die	Stubenfliege, -n housefly
der	Stich, -e stab			studieren study
das	Stichwort, ⸚er catchword			stumm silent
der	Stiefel, - boot		der	Stumpfsinn apathy
	stieren stare		die	Stunde, -n hour
der	Stift, -e pen			nach einer guten Stunde after a good solid hour
	still quiet			stundenlang for hours
	still-bleiben, ie, ie remain silent		die	Sturmflut, -en tidal wave
im	stillen silently, to himself			südlich southern
das	Stimmband, ⸚er vocal chord		die	Summe, -n sum
die	Stimmung, -en mood			süß sweet, fresh
die	Stirn, -en forehead		die	Süßigkeit, -en sweetness
	die Stirn in Falten legen furrow one's brow			Süßigkeiten sweets, candy
	die Stirn runzeln frown			symbolisch symbolical

T

der	Stock, ⸚e floor, stock	
	stocken hesitate	
	stockig stocky	
das	Stockwerk, -e floor	
der	Stoff, -e fabric	
	stolpern stumble	
der	Stolz pride	
	stolz auf proud of	
	stoppen stop	
der	Stöpsel, - stopper	
	störend disturbing	
	störrisch obstinate	
die	Störung, -en disturbance	
	strafen punish	
	strahlen beam	
	strahlenbekränzt with a halo	
der	Strauch, ⸚er bush	
die	Strecke, -n stretch	
	strecken stretch	
	streicheln stroke, caress	
	streifen to whisk by	
der	Streifen, - stripe	
sich	streiten argue, fight (about)	
die	Strenge sternness	
der	Streuwagen, - street sweeper	
die	Strichzeichnung, -en line drawing	

	tadellos faultless	
	tadelnd reproaching	
der	Tag, -e day	
	tagelang for days	
	täglich daily	
	tagsüber during the day	
	tagtäglich everyday	
	taktvoll tactful	
das	Tal, ⸚er valley	
die	Tankstelle, -n service station	
die	Tante, -n aunt	
der	Tanzboden, ⸚ dance floor	
	tänzeln trip	
die	Tänzerin, -nen female dancer	
die	Tapete, -n wallpaper	
	tappen grope	
das	Taschentuch, ⸚er handkerchief	
die	Tätigkeit, -en activity	
die	Tatsache, -n fact	
die	Tatze, -n paw	
das	Tau, -e rope	
der	Tau dew	

die Taube, -n dove
die Taufe, -n baptism
taumeln whirl
das Taxi, -s taxi
der Teil, -e part
die Teilnahme interest
telephonisch by telephone
die Telephonzelle, -n telephone booth
das Tempo, -s tempo, time
der Tender, - tender
der Termin, -e date, time
das Testament, -e last will, testament
testamentarisch by will
die Teuerung, -en high cost of living
die Theke, -n bar, counter
das Thema, -en theme, topic
die Tiefe, -n depth
tiefrot beet red
tippen type
das Tischbein, -e table leg
die Tischkante, -n table edge
die Tochter, ∵ daughter
der Tod, -e death
toll mad, fantastic
der Tölpel, - blockhead
das Tor, -e gate
die Torte, -n pastry
tot dead
der Tote, -n dead man
töten kill
der Tourist, -en tourist
die Tracht, -en costume
tragen, u, a carry, wear
die Träne, -n tear
die Trauer, -n grief, sorrow
träumen dream
traurig sad
traut cozy
treffen, a, o hit, strike
treiben, ie, ie force, drive
sich trennen separate

die Treppe, -n stairs
treten, a, e step
treu loyal, faithful
die Treue loyalty
trinken, a, u drink
der Tritt, -e tread, step
triumphierend triumphant
trocken dry
trommeln drum
der Tropfen, - drop
der Trotz stubbornness
trotzdem in spite of, still
tun, a, a do
die Tür, -en door
die Türöffnung, -en doorway
das Tuten honking

U

übel bad
das Übel, - evil, misfortune
üben practice
über over, during, of, on, across, above
überall everywhere
überbrücken smooth over
der Überdruck, -e excess pressure
die Übergangsbrücke, -n vestibule
über-gehen, i, a change, proceed to
überhaupt in general, really
überhöht excessive
überhören ignore, not react to
überkommen, a, o come over
übermorgen day after tomorrow
überprüfen check
überraschen surprise
überrascht surprised

übersprühen spray
übervoll brimful
überwachen supervise
überwältigen overwhelm
überwältigt overwhelmed
üblich customary
übrigens by the way
die Uhr, -en clock, watch
um at, for, about, by
umarmen embrace
um-blättern turn a page
sich um-drehen turn around
der Umfang, ⸚e circumference
die Umgebung, -en surroundings
umher-kriechen, o, o crawl around
umher-wirbeln whirl around
um-hüpfen hop around
um-kehren turn around
umklammern clutch
umkrampfen clench
um-mähen mow down
umringen surround
um-schalten reverse the engine
sich um-schauen look around
der Umstand, ⸚e circumstance
der Umweg, -e detour
um-wenden turn around
unangebracht inappropriate
die Unannehmlichkeit, -en unpleasantness
unauslöschlich inextinguishable
unbedingt absolute
unbehelligt unmolested
unbeobachtet unobserved
unberührt untouched
unendlich infinite
unermüdlich tireless
der Unfall, ⸚e accident
ungebaut unbuilt
ungefangen uncaught

ungehalten indignant
ungeheuerlich monstrous, enormous
ungeniert unembarrassed
ungeraten spoiled
ungern unwilling
ungesund unhealthy
ungewohnt unusual
ungezogen naughty
ungezwungen unconstrained
das Unglaubliche the unbelievable
das Unglück, -e misfortune, accident
der Unglückswagen, - car involved in an accident
unglücklich unhappy
  immer unglücklicher more and more unhappy
das Unheil disaster
unheilbar incurable
unheimlich weird
unhöflich discourteous
die Uniform, -en uniform
uniformiert in uniform
unisono in unison
unklar unclear
die Unkosten (pl.) expenses
unmöglich impossible
unmutig annoyed, displeased
das Unrecht injustice
unruhig uneasy
unschuldig innocent
unsinnig absurd, nonsensical
unten down, below
  nach unten down
unter in, under, among, below
unterbleiben, ie, ie not take place
unterbrechen, a, o interrupt
unterdrücken suppress
unterhalb below

sich unterhalten, ie, a converse, talk to
unternehmen, a, o undertake, attempt
der Unterschied, -e difference
unterstrichen underlined
untersuchen examine
die Untersuchung, -en examination
untertags during the day
unter-tauchen go underground
unterwegs on the way, underway
unterzeichnen sign
untröstlich inconsolable
unverändert unchanged
der Unverantwortliche the irresponsible (man)
unzählig countless
der Urlaub, -e vacation
die Urlaubsfreude, -n joy of vacation
die Ursache, -n cause
das Urteil, -e sentence, judgment

V

der Vater, ⸚ father
verächtlich contemptuous
sich verändern change
die Verantwortung, -en responsibility
verärgert irritated
der Verband, ⸚e bandage
verbeißen, i, i stifle, suppress
verbinden, a, u connect
verblüfft flabbergasted
verbrauchen use up
verbrechen, a, o commit a crime
das Verbrechen, - crime

der Verbrecher, - criminal
verdammt damned
verdecken cover, conceal
verdienen deserve, earn
verdient deserved
verdutzt startled
vereisen turn to ice, freeze
verfallen, ie, a slide, lapse (into)
verfassen write
verfehlen miss
die Verfügung, -en disposal
die Vergangenheit, -en past
vergeben, a, e bestow
vergebens in vain
vergessen, a, e forget
das Vergnügen pleasure
vergöttern idolize
sich vergrößern become enlarged
verhaftet arrested
verhalten, ie, a stop
sich verhalten behave
das Verhältnis, -se relationship, circumstance
verhaßt hateful
verheiraten marry
verkaufen sell
der Verkehr traffic
verklagen sue
verlangen demand
verlassen, ie, a leave, depart
verleihen, ie, ie lend, award
die Verletzung, -en injury
verlieren, o, o lose
sich verlieren bury oneself
der Verlust, -e loss
verlustig (gen.) deprived (of)
vermögen, o, o able to
das Vermögensobjekt tangible personal property, chattel
vernehmen, a, o interrogate
die Vernissage, -n varnishing day, opening day
vernünftig reasonable

174 WÖRTERVERZEICHNIS

 verpassen miss
 verrichten perform
 verrückt crazy
 versammeln gather
 verschlagen, u, a knock too far
sich verschlucken swallow the wrong way, choke
 verschweigen, ie, ie conceal
 verschwinden, a, u disappear
 versehen, a, e perform
 versorgen look after
 versprechen, a, o promise
 verspritzt spattered
das Versteck, -e hiding place
 verstecken hide
 verstehen, a, a understand
 verstohlen furtive
der Versuch, -e attempt
 versuchen attempt, try
sich vertiefen bury oneself
 vertieft buried
 vertragen, u, a tolerate, endure
 vertraut familiar
 verursachen cause
der Verurteilte, -n condemned man
 verwegen bold, daring
 verweigern refuse
 verwirken forfeit
 verwöhnen spoil, pamper
 verworren confused
 verwundert astonished
 verzeihen, ie, ie forgive, pardon
  verzeiht, Herr! I beg your pardon, Sire
 verziert decorated
die Verzierung, -en decoration
die Verzweiflung, -en despair
 viel much, a lot of
 viele many
 vielerlei many kinds of

 vielfach repeated, manifold
 vielleicht perhaps
 vielmehr rather
 vier four
 viert- fourth
das Viertel, - quarter (of a liter), district
 vierzig forty
der Vierzigjährige, -n forty-year-old man
 violett violet
der Vogel, ¨ bird
 voll full
 vollbesetzt fully occupied
 vollenden finish, complete
 vollendet perfect
 voller full of
 völlig complete
 vollkommen complete, perfect
 vollzählig in full strength
 vollziehen, o, o carry out
 von from, of, about, by
  von dannen away
 vor in front of, because of, before
  vor allem above all
 voraus-sehen, a, e foresee
 vorbei passed
 vorbei-fahren, u, a drive past, fly past
 vorbei-gehen, i, a pass by
 vorbei-hasten hurry past
 vorbei-jagen race past
 vorbei-kommen, a, o come by
 vor-bringen, a, a produce
 vor-fahren, u, a drive up
der Vorgang, ¨e procedure
 vor-haben intend to do (with)
das Vorhaben, - intention
 vorhanden present, at hand
der Vorhang, ¨e curtain

| | vorher beforehand
| | vorhin before
| | vor-kommen, a, o happen, appear
| sich | vor-kommen feel
| die | Vorladung, -en summons
| | vorläufig for the time being
| das | Vorlesen, - reading aloud
| der | Vormittag, -e forenoon
| | vorn in front
| | vornehm distinguished
| der | Vorort, -e suburb
| die | Vorschrift, -en order, regulation
| die | Vorsicht, -en caution
| | vorsichtig cautious
| | vor-sprechen, a, o put in an appearance
| sich | vor-stellen present oneself, imagine
| die | Vorstellung, -en idea
| | vorüber over
| | vorüber-schießen, o, o shoot by
| das | Vorwort, -e foreword
| | vorwurfsvoll reproachful

W

| | wachsen, u, a grow
| die | Wade, -n calf
| die | Waffe, -n weapon
| der | Wagemut daring
| | wagen dare
| der | Wagen, - car
| der | Waggon, -s railway car
| | der Waggon erster Klasse first-class car
| | wählen choose
| | wähnen think, presume
| | wahr true
| | während during
| | wahrhaft true

| die | Wahrheit, -en truth
| | wahr-nehmen, a, o perceive
| | wahrscheinlich probable
| der | Wald, ⸚er forest
| die | Wand, ⸚e wall
| | wandern walk around, wander
| | auf- und abwandern wander back and forth
| die | Wanne, -n tub
| die | Wärme heat
| die | Warnung, -en warning
| | warten wait
| | warten auf wait for
| | warum why
| | was für what kind of
| | waschen, u, a wash
| das | Wasser, - water
| der | Wasserfall, ⸚e waterfall
| der | Wasserhahn, ⸚e water faucet
| der | Wasserspiegel, - surface of the water
| | wechseln change, exchange
| | wecken wake
| | weder . . . noch neither . . . nor
| der | Weg, -e way
| | weg-bleiben, ie, ie stay away
| | wegen because of
| | weg-gehen, i, a go away
| | weg-nehmen, a, o take away
| | weg-rücken pull away
| | weg-sehen, a, e look away
| | weg-werfen, a, o throw away
| | wehren defend
| sich | wehren resist
| | weich soft, gentle
| sich | weiden (an) delight (in), gloat (over)
| sich | weigern refuse
| | weil because, since, as
| das | Weilchen, - little while
| die | Weile, -n while
| der | Wein, -e wine

	weinen cry		widersprechen, a, o contradict, deny
das	Weinen, - crying	sich	widmen dedicate oneself
	weinerlich whining		wie like, so as, as if
	weiß white		wieder again
	weißhaarig white-haired		wieder-finden, a, u find again, regain
die	Weisung, -en order		wieder-geben, a, e describe
	weit far, wide		wiederholen repeat
	von weitem from afar		wieder-kommen, a, o come back
	weiter farther, further		wieder-kriegen get back
	weiter-bohren persist		wieder-sehen, a, e see again
	weiter-fahren, u, a drive on		wieviel how much
	weiter-lieben go on making love		wild wild, furious
	weiter-rauchen go on smoking	die	Wimper, -n eyelash
	weiter-sprechen, a, o go on speaking		winden, a, u wind
	weithinhallend resounding	die	Windmühle, -n windmill
	welche some	die	Windschutzscheibe, -n windshield
	welcher which	der	Winkel, - corner
die	Welle, -n wave		winken wave
der	Wellenkamm, ⸚e whitecaps, crest		winzig tiny
			wirbeln whirl
die	Welt, -en world		wirken auf affect, influence
	wenden, a, a turn		wirklich really
sich	wenden turn	die	Wirklichkeit, -en reality
	wenig little	die	Wirkung, -en effect
	ein wenig a little		wirr confused
	weniger less		wischen wipe
	wenigstens at least		wissen, u, u know
	wenn if, when	der	Witz, -e joke
	wenn auch even if		wo since, where
	wer who	die	Woche, -n week
	werden, u, o become, will	das	Wochenende, -n weekend
	werfen, a, o throw		wochenlang for weeks
das	Werk, -e work		wöchentlich weekly
	wert esteemed, be worth		wofür for what, in what
das	Wesen, - being	die	Woge, -n wave
	weshalb why		wohin where
	westlich western		wohl probably
	wetten wager	das	Wohl, - welfare
das	Wetter, - weather		wohlgepflegt well-groomed
	wichtig important	das	Wohlwollen, - benevolence

WÖRTERVERZEICHNIS 177

	wohnen live
die	Wohnung, -en dwelling place, apartment
das	Wohnzimmer, - living room
die	Wolke, -n cloud
	wollen want
	womöglich if possible, perhaps
das	Wort, ⸚er word
	wortlos wordless
die	Wunde, -n wound
das	Wunder wonder
sich	wundern be surprised
	wünschen wish
der	Wuschelkopf, ⸚e mop of hair
die	Wüste, -n desert
	wütend furious

Z

die	Zahl, -en number, figure
	zählen count
	zahllos countless
der	Zahn, ⸚e tooth
der	Zank quarrel
	zärtlich tender, affectionate
der	Zaun, ⸚e fence
	zechen drink, tip a few
	zehn ten
das	Zeichen, - sign
die	Zeichensprache, -n sign language
	zeichnen draw, draft
der	Zeigefinger, - index finger
	zeigen show, point
der	Zeiger, - needle, hand
die	Zeit, -en time
das	Zeitmaß, -e measure of time
der	Zeitraum, ⸚e space of time
die	Zeitung, -en newspaper
die	Zeltbahn, -en tent section
der	Zentner, - 100 pounds

	zerbersten, a, o burst into pieces
	zerfallen, ie, a decompose, disintegrate
das	Zerfallsprodukt, -e product of decomposition
	zerknirscht filled with remorse
	zerren drag
	zerstören destroy
sich	zerstreuen disperse, scatter
das	Zeug, -e nonsense, material
der	Zeuge, -n witness
	ziehen, o, o pull, make, draw, move
	ziemlich rather, quite
die	Zigarette, -n cigarette
die	Zimmer, - room
die	Zinngrube, -n tin mine
die	Zipfelmütze, -n pointed cap, nightcap
	zischen hiss
	zittern tremble
	zitternd trembling
der	Zivilist, -en civilian
	zögern hesitate
der	Zorn anger
	zornig angry
die	Zornigen (pl.) angry people
	zu to, at, facing
	zum einen ... zum andern on the one hand ... on the other hand
das	Zuchthaus, ⸚er prison
	zucken wince, shrug
der	Zucker sugar
der	Zuckerschaum, ⸚e frosting
	zudem moreover
	zu-eilen rush toward
	zueinander to each other
	zuerst at first
der	Zufall, ⸚e accident, chance
	zufällig accidental
	zu-fliegen, o, o fly toward

zufrieden contented
der Zug, ⸚e train, draught, stroke, outline
das Zugabteil, -e train compartment
zu-geben, a, e admit
zugleich at the same time
zu-halten, ie, a head straight toward
zu-hören listen to
zu-kehren turn to
zu-lächeln smile at
zuletzt finally
zumal especially, since
zumindest at least
zunächst first of all
zu-nehmen, a, o increase
die Zunge, -n tongue
sich zurecht-finden, a, u feel at home
zurecht-kommen, a, o handle, get along with
das Zurück turning back
sich zurückentwickeln go backward
zurück-gehen, i, a go back
zurückgezogen secluded
zurückhaltend reserved
die Zurückhaltung, -en reserve
zurück-nehmen, a, o take back
zurück-rufen, ie, u call back
zurück-schlagen, u, a flop back
zurück-schreien, ie, ie shout back

zurück-setzen reverse itself
sich zurück-setzen sit back
sich zurück-ziehen, o, o withdraw
zusammen together
zusammen-drücken press together
zusammen-ziehen, o, o (vor) tighten, contract (because of)
zu-schlagen, u, a strike
zu-schließen, o, o lock
zu-sehen, a, e watch
der Zustand, ⸚e condition
zu-stimmen agree
zu-treten, a, e (auf) come up to, approach
zuvor previously
zuweilen at times, now and then, occasionally
zu-wenden turn to
zu-werfen, a, o throw to
zwar certainly, to be sure
der Zweck, -e purpose, object
zwei two
  zu zweit the two
der Zweifel, - doubt
zweimal twice
zwingen, a, u force
zwischen between
zwischendurch in between, at times
der Zwischenfall, ⸚e incident
der Zwischenhändler middleman

Die Verfasser

W. M. Senner, geboren in Portland, Oregon. Studium der Germanistik und Skandinavistik an den Universitäten Washington, Göttingen, Illinois, Wisconsin und Island. Master of Arts an der Universität Washington und PhD an der Universität Illinois. Publikationen auf dem Gebiet der deutsch-isländischen Literaturbeziehungen. Lehrtätigkeit als Associate Professor an der Arizona State University seit 1973.

Gertrud B. Schuback, geboren in Essen. Studium der Germanistik und Geschichte an den Universitäten Bonn und Freiburg und am Swarthmore College in Pennsylvania. Bachelor und Master of Arts an der Arizona State University. Lehrtätigkeit als Instructor seit 1966.